Cynnwys
Blas ar Gristnogaeth Cymru

BLAS *ar* GRISTNOGAETH CYMRU

R. Tudur Jones
Golygydd: Euros Wyn Jones

Cyhoeddwyd gan **Cyhoeddiadau'r Gair** 2018

Golygydd: Euros Wyn Jones
Golygydd Cyffredinol: Aled Davies
Cysodi: Rhys Llwyd

Argraffwyd yng Nghymru.

Mae'r cyhoeddwr yn cydnabod cymorth ariannol Cyngor Llyfrau Cymru.

Cyhoeddwyd gan:
Cyhoeddiadau'r Gair
Ael y Bryn, Chwilog, Pwllheli, Gwynedd. LL53 6SH.

www.ysgolsul.com

Rhagair

Ers chwarter canrif bu Cwrs Allanol Coleg yr Annibynwyr Cymraeg yn gyfrwng i hyfforddi aelodau eglwysig oedd wedi ymateb i'r alwad i wasanaethu eu heglwysi fel pregethwyr cynorthwyol neu weinidogion yr efengyl. Bu'n foddion hefyd i gynnig cyrsiau mewn diwinyddiaeth trwy gyfrwng y Gymraeg mewn cymunedau lleol, o Fôn i Fynwy. Am gyfnod cynigiwyd y ddarpariaeth hon mewn cydweithrediad â Phrifysgol Cymru, Llanbedr Pont Steffan, yn y dyddiau pan oedd yr Athro David Thorne a'r Athro David Prothero Davies yn benaethiaid adrannau Cymraeg a Diwinyddiaeth yno. Gan fod y ddarpariaeth ar gael ar y we y pryd hynny, yr oedd diddordeb mawr yn y cyrsiau trwy'r byd i gyd gyda channoedd o fyfyrwyr yn eu hastudio. Gwaetha'r modd, yn 2012 torrodd y gyfundrefn newydd yn y Drindod Dewi Sant bob cysylltiad gyda sefydliadau allanol fel Coleg yr Annibynwyr Cymraeg ac o ganlyniad, collwyd darpariaeth ragorol oedd yn dysgu'r pynciau hyn trwy gyfrwng y Gymraeg.

Un o'r cyrsiau hynny, sy'n rhan o hyfforddiant Coleg yr Annibynwyr Cymraeg o hyd, yw'r deunydd rhagorol a gynhwysir yn y gyfrol hon. Paratowyd y nodiadau hyn gan y Dr R. Tudur Jones, Prifathro Coleg Bala-Bangor, un o haneswyr disgleiriaf y cyfnod diweddar yng Nghymru. Bu'n darlithio mewn Hanes Syniadaeth Gristnogol ym Mhrifysgol Cymru Bangor am ddeng mlynedd ar hugain ac yn Brifathro Coleg Bala-Bangor am chwarter canrif. Roedd yn fwriad ganddo gyhoeddi cyfrol ar hanes Cristnogaeth yng Ngymru cyn ei farwolaeth gynamserol ym 1998. Nodiadau dosbarth a geir yn y gyfrol hon, ond er hynny, fe wêl y darllenydd ar unwaith eu bod yn rhyfeddol o drylwyr. Maent yn ganllaw rhagorol i unrhyw un sydd am ddechrau astudio'r maes ac yn ddrws i ymchwil pellach. Ychwanegwyd ychydig o gyfrolau at y llyfryddiaeth ar ddiwedd pob pennod er mwyn eu diweddaru a lluniais bennod ar y diwedd i amlinellu'r hanes o 1990 i'r cyfnod presennol.

Diolch i Mrs Susan Rees, Lledrod am ei gofal wrth deipio'r teipysgrif gwreiddiol ac i'r Parchgn Aled Davies a Rhys Llwyd am eu gwaith manwl gyda chysodi ac argraffu'r gwaith. Cyflwynir hi i bob un sy'n caru astudio Hanes Cristnogaeth yng Nghymru yn eu hiaith eu hunain yn y gobaith y cedwir cof y Cymry Cymraeg o'u hetifeddiaeth Gristnogol yn fyw.

Euros Wyn Jones,
Coleg yr Annibynwyr Cymraeg

Cyflwyniad:
CENEDL GRISTNOGOL?

"Gan mai bod crefyddol yw dyn, felly hefyd y mae'r genedl yn gymuned grefyddol, sy'n bodoli i wasanaethu Duw." Y mae Cymru yn rhannu gyda chenhedloedd Cristnogol eraill yr argyhoeddiad bod Duw wedi bod ar waith yn ei hanes. O'r dyddiau cynnar o dan awdurdod Ymerodraeth Rhufain hyd y dyddiau hyn, gwelodd y Cymry eu hunain yn bobl oedd â hunaniaeth arbennig iddynt. Dehonglwyd yr argyhoeddiad hwn mewn amrywiol ffyrdd drwy'r blynyddoedd – o'r gred ei bod yn genedl etholedig wedi derbyn ffafr arbennig Duw, i'r argyhoeddiad nad yw'n ddim namyn llwyth bach swnllyd ar gyrion prif ffrwd hanes y cenhedloedd mawr. Yn hyn o beth, nid yw Cymru yn wahanol i lawer o genhedloedd bychain eraill sydd wedi gweld eu hanes eu hunain yn gyffelyb i stori Israel fel y ceir hi yn y Beibl. Cenedl ymysg cenhedloedd eraill mewn cyfamod â Duw ydyw, wedi eu galw i fod yn dystion i 'fawrion weithredoedd Duw' yn eu plith.

Argyhoeddiad R. Tudur Jones yn y gyfrol hon yw bod Cymru fel cenedl yn atebol i'r Creawdwr am ei bywyd, a'i bod felly mewn cyfamod ag ef. Y cyfamod hwn, a seliwyd â gwaed Crist, sydd yn ei dro yn achub Cymru rhag gwneud eilun o'r genedl ei hun ac yn ei throi i fod yn dduw bach i foesymgrymu ar ei hallor. Dyma argyhoeddiad Gwenallt yn ei gerdd, "Cymru",

Duw a'th wnaeth yn forwyn iddo,
  Galwodd di yn dyst,
Ac argraffodd ei gyfamod
  Ar dy byrth a'th byst.

Dyma argyhoeddiad Emrys ap Iwan yn ei bregeth fawr, "'Y Ddysg Newydd' a'r Hen", lle dywed fod Duw wedi gwneud yr holl genhedloedd o un gwaed ac wedi eu gwasgaru dros wyneb y ddaear, ac felly, "Cofiwch, ... eich bod yn genedl, trwy ordeiniad Duw; am hynny, gwnewch yr hyn a alloch i gadw'r genedl yn genedl, trwy gadw'i hiaith, a phob peth gwerthfawr arall a berthyno iddi."

Mae cenhedloedd yn greadigaeth Duw, ond hefyd yn waith dynion mewn ufudd-dod i'r Duw hwnnw. Duw sy'n galw pobl i ymarfer eu dawn greadigol trwy greu diwylliant a chymdeithas – un wedd ar y ddawn greadigol honno yw creu cenedl. Felly, gellir dweud bod creu cenedl yn rhan o'r mandad a roddir i bobl yn y creu; ac i'r graddau y mae pobl yn ufuddhau i'r mandad hwnnw, gellir dweud mai gwaith

Duw ydyw. Mae gan Gymru ei stori ei hun, un sy'n ei gwneud yn genedl ac yn bobl arbennig a gwahanol i bawb arall. Dyma yw ein swyddogaeth ni fel cenedl mewn ufudd-dod i alwad y Creawdwr arnom.

Yr ydym yn rhydd, wrth gwrs, i ymwrthod â'r alwad honno, ac i foesymgrymu ar allorau eraill fel mae y mwyafrif o'n cyd Gymry yn ei wneud yn yr oes hon. Ond mae eraill yn dewis rhannu yn yr argyhoeddiad hwnnw a chyfranogi'n llawn ym mywyd y genedl, er iddynt gael eu geni oddi allan i dir a ffiniau Cymru. Dyma ogoniant y weledigaeth hon: mater o ffydd ydyw ac nid mater o waed na phridd, na lliw croen. Ymgysegriad diwylliannol ydyw mewn ufudd-dod i Dduw. Heb yr ymgysegriad ffydd hwn yng ngalwad Duw, pa fath o Gymru fydd Cymru'r dyfodol? Dyma'r cwestiwn sy'n rhaid i bob un ohonom ei ateb drosto'i hun.

Euros Wyn Jones

"Gan i Dduw eich gwneuthur yn genedl, ymgedwch yn genedl; gan iddo gymryd miloedd o flynyddoedd i ffurfio iaith gyfaddas i chi, cedwch yr iaith honno; canys wrth gydweithio â Duw yn ei fwriadau tuag atoch, bydd yn haws i chi ei gael wrth ei geisio. Pwy a ŵyr nad yw Duw wedi cadw'r Cymry yn genedl hyd yn hyn, am fod ganddo waith neilltuol i'w wneuthur trwyddynt yn y byd."

Emrys ap Iwan, *Y Ddysg Newydd' a'r Hen*

Gair am yr awdur:

R. TUDUR JONES (1921-1998)

Ganed Robert Tudur Jones yn Nhyddyn Gwyn, Rhos-lan, Cricieth ar 28 Mehefin 1921, yn un o dri o blant John Thomas ac Elizabeth Jones. Yr oedd ei rieni yn blant Diwygiad 1904–05; ac felly magwyd ef, Meg a John Ifor ar aelwyd Gristnogol yn y Rhyl, lle'r oedd eu tad yn gweithio i gwmni Rheilffordd yr LMS. Fel teulu mynychent gapel Carmel, a oedd yn faeth i fywyd ysbrydol a chymdeithasol llawer o Gymry'r dref. Dangosodd allu anghyffredin yn gynnar. Tra byddai plant yr Ysgol Sul yn dysgu adnod neu ddwy, byddai ef yn dysgu pennod gyfan ar ei gof.

Ergyd fawr i'r teulu oedd marwolaeth ei fam ym 1932 pan nad oedd Tudur ond un ar ddeg oed. Aeth i Ysgol Ramadeg y Rhyl, gan ddatblygu'n academaidd ac yn ysbrydol. Dau ddigwyddiad allweddol yn ei dröedigaeth oedd pregeth gan y Parch. T. Glyn Thomas a phrofiad a gafodd mewn ymgyrch efengylu yn y Pafiliwn, y Rhyl, pryd y daeth 'wyneb yn wyneb â Iesu Grist mewn ffordd hollol bersonol'.

Yn fuan, teimlodd alwad gan Dduw i'r weinidogaeth. Ym 1939, aeth i Goleg Bala-Bangor ym Mangor, ac enillodd radd BA, dosbarth cyntaf, a BD. Wedyn fe aeth i Goleg Mansfield, Rhydychen, gan ennill D.Phil. am ei draethawd ymchwil 'The life, work and thought of Vavasor Powell'. Gan iddo orffen yr ymchwil yn gynnar treuliodd chwe mis yng Nghyfadran Brotestannaidd Prifysgol Strasbourg yn nhalaith Alsace, Ffrainc. Ym 1948, priododd â Gwenllïan Edwards ac fe'i ordeiniwyd yn weinidog ar eglwys Seion, Baker Street, Aberystwyth. Wedi cwta ddwy flynedd fe'i penodwyd yn athro Coleg Bala-Bangor, ac yn dilyn marwolaeth Gwilym Bowyer yn 1965 fe'i dyrchafwyd yn Brifathro, swydd a ddaliodd hyd ei ymddeoliad o'r Coleg ym 1988. Ganwyd iddo ef a Gwenllïan bump o blant, sef Nest, Rhys, Geraint, Meleri ac Alun. Aeth y tri mab i'r weinidogaeth, ac ergyd drom oedd marwolaeth annhymig Rhys.

Dros y blynyddoedd bu'n weithgar mewn llu o feysydd. Trwy Goleg Bala-Bangor, hyfforddodd genhedlaeth o weinidogion ar gyfer yr eglwysi yng Nghymru a thu hwnt. Ysgrifennodd a chyhoeddodd yn ddi-dor am dros ddeugain mlynedd ac y mae cyfanswm ei lyfrau a'i erthyglau yn syfrdanol. Ymhlith ei lyfrau y mae *Congregationalism in*

England (1962), *Hanes Annibynwyr Cymru* (1966), *Vavasor Powell* (1971), *Yr Ysbryd Glân* (1972) a *Ffydd ac Argyfwng Cenedl* (1981).

Bu'n olygydd Y *Cofiadur* (1958–72), *Welsh Nation* (1951–64) a'r *Ddraig Goch* (1964–71). Cyfrannai erthyglau niferus i gylchgronau fel *Barn*, *Y Tyst* a'r *Cymro* (ysgrifennodd 1,508 o erthyglau i'w golofn 'Tremion' yn Y Cymro). Pregethai yn gyson o Sul i Sul gan wasanaethu eglwysi o bob enwad ar hyd a lled Cymru.

Pregethai'n eneiniedig a chlir, ac ni fyddai'n goreuro ei fynegiant o'r Efengyl â dysg. Credai fod ymwneud â'r gymdeithas ac â gwleidyddiaeth yn rhan gwbl naturiol o fywyd y Cristion. Fel cenedlaetholwr, ymdrechodd yn galed i hyrwyddo'r ymwybyddiaeth Gymreig gan ysgrifennu ac areithio o blaid hawliau cenedl y Cymry a lleisio'r angen iddi gael gofalu am ei buddiannau ei hun. Yn Etholiadau Cyffredinol 1959 a 1964 safodd yn aflwyddiannus fel ymgeisydd seneddol dros Blaid Cymru ym Môn. Yr oedd yn ymwybodol iawn o'n cyflwr bregus fel cenedl.

Bu farw yn ei gartref, Tre Ddafydd, Bangor Uchaf, ar 23 Gorffennaf 1998 a rhoddwyd ei weddillion i orffwys ym Mynwent Gyhoeddus Bangor. Cyflawnodd

R. *Tudur Jones* (1921–1998)

ei holl waith er gogoniant i'w Arglwydd a'i Waredwr Iesu Grist ac er hyrwyddo ei Deyrnas. 'Oherwydd dewisais beidio â gwybod dim yn eich plith ond Iesu Grist, ac yntau wedi ei groeshoelio' (1 Corinthiaid 2:2).

Alun Tudur

YR EGLWYS GYFFREDINOL

c.33 Croeshoeliad ac Atgyfodiad Iesu Grist

c.64/5 Merthyrdod Pedr a Paul yn Rhufain gan yr Ymerawdwr Nero

70 Cwymp Jerwsalem

312 Cystennin Fawr Cristnogaeth yn dod yn grefydd swyddogol yr Ymerodraeth

325 Cyngor Nicea

Awstin Fawr (354–430)

415 Pelagius y mynach o Gymro yn cael ei gondemnio

451 Cyngor Calcedon

5ed ganrif Padrig a'r genhadaeth i Iwerddon

590–604 Grigor Fawr yn Bab

597 Grigor yn anfon Awstin Fynach i genhadu ymhlith y Saeson

CRISTNOGAETH CYMRU

200? Cristnogaeth Cymru

314 Cyngor Arles – esgobion, presbyteriaid a diaconiaid o Brydain yn bresennol

c.400 Pelagius (Morgan) y mynach Cymreig

c.429, 447? Garmon yn dod i Gymru i herio Pelagiaeth

c.496 Arthur yn trechu'r Saeson paganaidd yn mrwydr Mynydd Baddon

6ed ganrif Oes y Saint: Illtud, Dewi, Padarn ac eraill

c. 540 Gildas *De Exidio Britanniae*

c. 587 Marw Dewi Sant

664 Synod Whitby

8fed ganrif Codi Clawdd Offa

877 Marw Rhodri Mawr

950 Marw Hywel Dda

CYFFREDINOL

43 Rhufain yn goresgyn Prydain

388 Marw'r Ymerawdwr Macsen

410 Rhufain yn gadael Prydain

Mwhamad (c.570–629)

6ed ganrif Gorsegyniad y Sacsoniaid ac eraill

8fed ganrif Gorsegyniad Islam dros Ogledd Affrica a Sbaen

732 Siarl Martel yn trechu'r Moslemiaid yn Ffrainc

800 Coroni Siarl Fawr yn Ymerawdwr

9fed ganrif Ymosodiadau'r Llychlynwyr

Rhufeiniaid a Saint

Dechreuadau

Bu cenhedloedd Ewrob i gyd yn awyddus i ddangos fod eu Cristionogaeth yn gwreiddio yn yr Oes Apostolaidd. Ac nid yw Cymru'n eithriad. Dyna'r ysgogiad i lunio chwedlau fel honno am Joseff o Arimathea yn ymsefydlu yn Ynys Wydrin (Glastonbury, efallai?) ac yn dod â'r cwpan a ddefnyddiwyd yn y Swper Olaf, Sain Greal, i'w ganlyn. A dyna draddodiad y triawdau wedyn, a fynnai mai Brân Fendigaid a ddaeth â'r Ffydd yma. Nid oes unrhyw sail hanesyddol i'r chwedlau hyn. Ond gallwn ddweud gyda sicrwydd fod Cristionogaeth wedi cyrraedd Prydain yn ystod yr oruchafiaeth Rufeinig. Ond pa bryd? Nid yw dyddiad cyn oc 200 yn amhosibl, ond haws credu mai at ganol y drydedd ganrif y digwyddodd. Pwy ddaeth â Christionogaeth i Brydain? Ni wyddom. Ac nid yw'r dystiolaeth archaeolegol o fawr help chwaith.

> Pwy ddaeth â Christionogaeth i Brydain? Ni wyddom. Ac nid yw'r dystiolaeth archaeolegol o fawr help chwaith.

Llawn dwf

Y peth a wyddom i sicrwydd yw fod eglwysi Cristionogol ar gael ym Mhrydain, o leiaf yn y canolfannau poblog, erbyn oc 314. Yn y flwyddyn honno cynhaliwyd cyngor eglwysig yn Arles yn ne Ffrainc, wedi ei gynnull ar orchymyn yr Ymerawdwr Cystennin Fawr. Yr oedd tri esgob o Brydain yno. Esgob Llundain oedd Restitutus (Rhystud) ac Esgob Caerefrog oedd Eborius (Ifor). Esgob dinas Colonia Londinensium oedd Adelphius, ond nid oedd lle o'r enw hwn ym Mhrydain Rufeinig; ac felly mae rhyw gamgymeriad

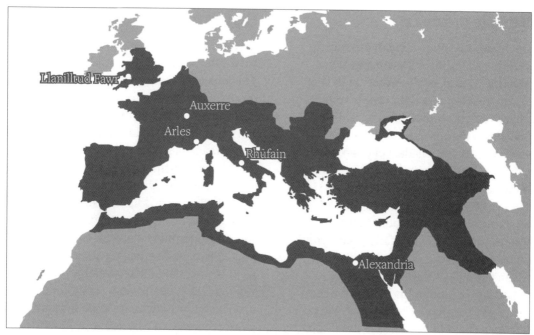

Yr Ymerodraeth Rufeinig ar ei mwyaf (tua 117 OC)

wedi digwydd wrth gofnodi'r enw ac ni all haneswyr gytuno â'i gilydd pa un ai Lincoln, Colchester ynteu rhywle arall ydoedd. Sut bynnag, mae'n arwyddocaol fod henuriad o'r enw Sacerdos a diacon o'r enw Arminius wedi teithio gydag Adelphius. Felly yr oedd tair gradd y weinidogaeth, esgob, henuriad a diacon, i'w cael yn eglwysi Prydain. Erbyn 314, yr oedd Cristionogaeth wedi ymsefydlu mewn dinasoedd o bwys ym Mhrydain

ac yr oedd cysylltiad agos rhyngddynt a'r Cyfandir. Nid oes fawr ddim yn wybyddus am hynt Cristionogaeth ym Mhrydain rhwng 300 a 400. Y mae peth tystiolaeth ei bod yn dal i ennill tir er bod paganiaeth hithau'n dal yn fywiog a themlau'n cael eu hadeiladu neu eu hadnewyddu.

Newid y drefn

Dechreuodd cyfnewidiadau dramatig at ddiwedd y ganrif. Yn 368 anfonwyd Macsen Wledig, gŵr brwdfrydig tros uniongrededd, i Brydain i adfer trefn oherwydd ymosodiadau'r Pictiaid a'r Scotiaid. Yma y priododd â'i wraig Geltaidd, Helen, a gadael ei ôl yn drwm ar y dychymyg Cymreig; a choffeir ei briod mewn enwau fel Coed Helen a Sarn Helen. Ond yn 383 cychwynnodd gwrthryfel ym Mhrydain a chyhoeddi Macsen yn Ymerawdwr. Aeth i'r Cyfandir gan fynd â'i lengoedd gydag ef o Segontiwm a mannau eraill yn y gorllewin. Yn 410 cyhoeddodd Rhufain na byddai'n penodi uchel swyddogion i Brydain mwyach ac y byddai'n rhaid i'r brodorion ymorol am drefn llywodraeth eu hunain. Rhoddodd hyn gyfle i'r arglwyddi lleol gynyddu eu hawdurdod, gyda Gwrtheyrn, yn ôl pob golwg, yn bennaf yn eu plith erbyn tua 425. Y mae'r traddodiad ei fod ef yn euog o ryw bechod anhysbys ond ysgeler yn awgrymu nad oedd perthynas esmwyth rhyngddo ac arweinwyr yr Eglwys.

Garmon a Phelagius

Buan iawn y cynhyrfwyd Prydain gan ferw athrawiaethol. Prydeiniwr oedd Pelagius, ysgolhaig a gŵr o gymeriad gloyw, a bwysleisiai fod dyn yn gallu cyfrannu at ei iachawdwriaeth ei hun yng ngrym ei ewyllys rydd. Daeth hyn ag ef i wrthdrawiad ag un o ddiwinyddion mwyaf yr Eglwys, Awstin Sant, esgob Hippo yn Affrica. I Awstin, yr oedd pechod wedi ysbeilio dyn o'i ryddid moesol, a gras Duw'n unig sy'n rhoi iachawdwriaeth iddo. Condemniwyd golygiadau Pelagius yng Nghyngor Carthag yn 418 a throeon ar ôl hynny. Ond daeth ei safbwynt yn boblogaidd ym Mhrydain. Ymbiliodd arweinwyr yr Eglwys at Esgob Rhufain am gymorth i drechu'r heresi ac anfonodd yntau Garmon, Esgob Auxerre yn Ffrainc, a Lupus, Esgob Troyes, i Brydain yn 429. Bu eu hymgyrch yn bur lwyddiannus er na chawsant fuddugoliaeth lwyr chwaith; ac y mae lle i gredu fod Garmon wedi ymweld â'r ynys yr eildro. Yr argyfwng hwn yw cefndir drama Saunders Lewis, *Buchedd Garmon*. Yr oedd Garmon yn bersonoliaeth feistrolgar, a thyfodd corff o chwedlau o gwmpas ei enw. Tystiolaeth i'r parch ato yw enwau lleoedd fel Maes Garmon, Betws Garmon a Chapel Garmon. Cysegrwyd sawl

Wyddoch chi?

Yn 1937 darlledwyd y ddrama radio *Buchedd Garmon* gan Saunders Lewis am y tro cyntaf. Mae'r ddrama yn adrodd hanes ymweliad Garmon, esgob Auxerre â Phrydain yn 429.

Mae'r ddrama yn cynnwys y cymal enwog hwn sy'n ceisio rhoi blas o gynnwrf brwydrau ysbrydol Prydain ar y pryd:

> Gwinllan a roddwyd i'm gofal
> yw Cymru fy ngwlad,
> i'w thraddodi i'm plant, ac i
> blant fy mhlant,
> yn dreftadaeth dragwyddol.
> Ac wele'r moch yn rhuthro arni,
> i'w maeddu.
> Minnau yn awr, galwaf ar fy
> nghyfeillion,
> cyffredin ac ysgolhaig,
> Deuwch ataf i'r adwy,
> Sefwch gyda mi yn y bwlch,
> fel y cadwer i'r oesoedd a ddêl y
> glendid a fu.

eglwys yng Nghymru a Llydaw i Garmon a dwy ym Morgannwg i Lupus o dan yr enw 'Bleiddian'. Byr fu tymor llwyddiant Pelagiaeth. Gorseddwyd yn hytrach y math pwyslais diwinyddol – Awstiniaeth – a oedd dros y canrifoedd i ddylanwadu'n drwm ar fywyd crefyddol Cymru.

Cynnwrf ac Esmwythdra

Yr oedd cyfnod argyfyngus iawn yn ein hanes ar wawrio. Defnyddiodd Gwrtheyrn filwyr tâl, y Sacsoniaid ac eraill, i'w gynorthwyo yn erbyn ei elynion brodorol. Rhwng 440 a 457, ceisiodd y rhain gipio'r awenau o ddwylo eu meistri Celtaidd. Ond rhwng tua 460 a 495, ymladdodd y rheini yn eu herbyn o dan arweiniad Emrys Wledig, y gŵr sy'n cynrychioli'r sylwedd y tu ôl i'r chwedlau Arthuraidd. Ef a sicrhaodd barhâd y traddodiad Cristionogol Prydeinig-Rufeinig gyda'i fuddugoliaeth fawr derfynol ym mrwydr Mynydd Baddon yn 495. O ganlyniad diogelodd y Prydeinwyr eu blaenoriaeth am gyfnod sylweddol, hyd tua 570.

Mae lle i gredu fod yr Eglwys yn y cyfnod hwn wedi ymsefydlu'n esmwyth o dan adain y penaethiaid a lywodraethai'r wlad a bod hynny wedi golygu dirywiad ysbrydol. Os gallwn dderbyn mai tua 540 y cyfansoddodd Gildas ei lyfr, *Coll Prydain*, yr oedd cyflwr Cristionogaeth yn ddrwg. Yn ei Ladin coeth y mae'n chwipio'r offeiriaid am eu glythineb a'u moethusrwydd ac yn lachio'r esgobion fel caplaniaid dof y tywysogion. Dynion heb weledigaeth oedd yn arwain yr Eglwys, meddai, ac yr oedd y lleygwyr yn ddiystyr o ofynion cyfraith Duw. Ac nid yw'r tywysogion eu hunain ond gormeswyr di-ras. Ac eto, trwy fwg brwmstanaidd ceryddon Gildas, gellir dirnad ffurf Eglwys sydd wedi ymsefydlu a chryfhau a dod yn elfen gydnabyddedig yn y gymdeithas. Er gwaethaf ei ddadansoddiad pesimistaidd, gwêl Gildas arwyddion gobaith. Yr oedd ychydig weddill yn arddel safonau moesol uchel, teilwng o Gristionogion. Diau mai cyfeirio yr oedd at y mynachod.

Illtud

Yr oedd diwygiad crefyddol nerthol ar fin digwydd ac fe'i cysylltir â'r "saint", neu'r mynachod Celtaidd. Ni wyddom sut y daeth mynachaeth i Brydain gyntaf ond aeth enwau llawer o'r gwroniaid hyn yn rhan o waddol atgofion y genedl.

Un o'r cymeriadau mwyaf dylanwadol yn y cyfnewidiad oedd Illtud (425–505). O fewn canrif ar ôl ei farw yr oedd Buchedd Samson yn ei fawrygu fel "meistr clodfawr y Brythoniaid". A hawdd y gallai. Pan nad oedd ond pump oed anfonwyd Samson

(a aned tua 486) i ysgol Illtud. Yno astudiodd y Beibl a dysgu Lladin a dod yn gyfarwydd â'r ddisgyblaeth fynachaidd. Yn ôl traddodiad, ordeiniwyd Illtud gan Garmon o Auxerre. Prun bynnag ai gwir hyn ai peidio, mae'n dangos fel yr oedd Illtud yn cael ei gysylltu yng nghof pobl â thraddodiad ysgolheigaidd y Cyfandir. Mynachaeth ysgolheigaidd, aristocrataidd, call a chymhedrol ei disgyblaeth, oedd un Illtud a bu ei ysgol yn foddion i'w phoblogeiddio. Yr oedd Maelgwn Gwynedd (a fu farw yn 547) yn ddisgybl iddo; ac er mai cymeriad anwadal oedd hwnnw, o dan ei nawdd ef y gweithiodd Deiniol ym Mangor, Cybi yng Nghaergybi, Seiriol, cyfyrder Maelgwn, a Chadfan, sylfaenydd y clas yn Nhywyn ac eraill. A dichon fod y rhain wedi eu hyfforddi gan Illtud yn Llanilltud Fawr.

Dyfrig

Yr oedd Dyfrig yn cydoesi ag Illtud, a chyfrannodd yntau'n sylweddol at fywiocáu Cristionogaeth Cymru yn niwedd y bumed ganrif. Ef, fe ddyweid, oedd sefydlydd y fynachlog, nodedig fel canolfan dysg, yn Henllan-ar-Ŵy. Ymestynnai ei ddylanwad ef tros dde Cymru, cyn belled â'r arfordir gorllewinol.

Y Seintiau Illtud, Dyfrig a Cadog wedi eu darlunio mewn ffenestr liw yn Eglwys Sant Illtud, Llanilltud Faerdref

Yn dilyn ei farwolaeth tua 512, fe'i claddwyd ar Ynys Enlli. Dyfrig, felly, trwy ei ddylanwad yn ne Cymru, ac Illtud, trwy ei ddisgyblion yn y Gogledd, a fu'n braenaru'r tir ar gyfer y genhedlaeth ddynamig o fynachod a weithiai yn y chweched ganrif.

Cefndir bygythiol oedd i waith y dynion hyn. Yr oedd yr hen drefn ymerodrol Rufeinig wedi diflannu am byth. Ar yr un pryd yr oedd estroniaid yn meddiannu iseldir Lloegr, mewnfudwyr o ogledd Ewrob. Ac yn 547 daeth trychineb alaethus y Geri Marwol, y pla a ysgubodd tros y wlad. Aeth y boblogaeth yn hynod symudol. Symudai pobl o Iwerddon a'r

17

Alban i Gymru ac o Gymru a Chernyw i Lydaw.

Llwyddodd y mudiad mynachaidd i ennill ei blwyf o fewn y drefn gymdeithasol newydd a ymddangosodd yn sgîl y cynyrfiadau hyn. Mae'n arwyddocaol fod dynion fel Cybi, Deiniol, Seiriol, Dewi ac eraill yn gynnyrch y teuluoedd uchelwrol. Rhoddai hyn safle iddynt yn y gwahanol lwythau. A gwelir dylanwad pellach y cysylltiad hwn ym mharodrwydd cynifer o dylwyth Brychan, brenin Brycheinig, i ymroi i'r bywyd mynachaidd.

Crwydro ac Adeiladu

Sut rai oedd y saint hyn a beth oedd natur eu dylanwad?

Crwydriaid oeddent. Yr oedd y Môr Celtaidd yn dramwyfa gyson iddynt, gyda mynachod yn cyniwair yn gyson o'r naill wlad i'r llall. Ym mhlith y pererinion hyn, ni chafwyd neb a wnaeth gyfraniad mwy sylweddol na Phadrig, y Prydeiniwr a fudodd i Iwerddon a dod yn brif sylfaenydd Cristionogaeth yr ynys honno. Ac oherwydd y mynych grwydro, nid yw'n unrhyw syndod darganfod eglwysi wedi eu cysegru i'r un saint yng Nghymru, Cernyw a Llydaw. Efengylwyr crwydrol

Dydd Sul y canodd Dewi offeren ac y pregethodd i'r bobl; a'i gyfryw ni chlybuwyd gynt na chwedyn. Ni welodd llygad erioed gymaint o ddynion mewn un lle. Ac wedi darfod y bregeth a'r offeren, rhoddes Dewi yn gyffredin ei fendith i bawb a oedd yna. Ac wedi iddo roddi y fendith i bawb, y dywedodd yr ymadrodd hwna, "Arglwyddi, frodyr a chwiorydd, byddwch lawen. A chedwch eich ffydd a'ch cred. A gwnewch y pethau bychain a glywsoch ac a welsoch gennyf fi. A minnau a gerddaf y ffordd yr aeth ein tadau iddi. Ac yn iach ichwi", ebe Dewi. "A boed rymus ichwi fod ar y ddaear. A byth bellach nid ymwelwn ni."

R. Tudur Jones,
Ffynonellau Hanes yr Eglwys, Caerdydd, 1979.

oeddent, felly. Ond nid da ganddynt fod yn barhaus yn llygad y cyhoedd. Codai llawer ohonynt gell yn rhywle fel Enlli neu Ynys Bŷr, lle gallent fyfyrio'n dawel ac eto bod o fewn cyrraedd y môr pan ddeuai'r alwad iddynt fynd ar grwydr eto. Mynnai eraill ymneilltuo i'r coedwigoedd neu'r ogofeydd. Felly y daeth y meudwy neu'r ancr yn gymeriad hysbys yn chwedlau Cymru. Codai'r mynach glawdd o bridd neu o wiail o gwmpas ei gell – dyma gychwyn y "llan". Yn ddiweddarach, ceid adeiladau o goed a maen a rhai ohonynt yn bur helaeth, fel yn Llancarfan, Llanilltud Fawr a Thyddewi.

Gwŷr llym eu disgyblaeth oeddent. Daeth Dewi Sant, er enghraifft, i'w adnabod fel "Dewi Ddyfrwr", gan brinned y bwyd a fwytâi. A mynnai fod ei fynachod yn Nhyddewi yn tynnu'r aradr eu hunain yn hytrach na chael anifeiliaid i wneud hynny, yn brawf o'r byw caled a gredai ef oedd yn angenrheidiol mewn mynachlog. Bu'r llymder hwn yn foddion i greu ymhlith y cyhoedd edmygedd mawr o ddynion oedd yn fodlon ymostwng i'r fath drefn galed. Ond dynion llawn ynni a brwdfrydedd oeddent, yn teithio'n ddiorffwys ac yn sefydlu eglwysi.

Y Drefn eglwysig

Diau fod y cysylltiadau agos rhwng y mynachlogydd a'r arglwyddi wedi bod yn foddion i yrru'r esgobion i'r cysgod. Safle israddol oedd iddynt yn gyfreithiol, yn eglwysig ac yn gymdeithasol. Yr oedd canrifoedd i basio cyn y byddai Cymru wedi ei rhannu'n blwyfi ac yn daleithiau esgobol ac felly nid oedd gan esgobion y cyfnod hwn diriogaeth ddiffiniedig i'w gweinyddu. Y gwaith cyfyngedig i wŷr ordeiniedig oedd eu gwaith hwy, fel ordeinio a gweinyddu'r sacramentau. Nid yw'n rhyfedd fod llawer iawn o esgobion i'w cael. Awgrymir hynny gan yr hanes fod cynifer â 118 ohonynt yn gwrando ar Dewi Sant yn pregethu yn Synod Brefi.

Arwyr

Yr oedd ymladd yn erbyn paganiaeth yn wedd gyson ar genhadaeth y mynachod, a byddai llenorion oes ddiweddarach yn lluosogi chwedlau am y rhyfeddodau a gyflawnwyd ganddynt wrth brofi fod pŵerau gwyrthiol Cristionogaeth yn drech na hud a lledrith y derwyddon a'r offeiriaid paganaidd. O dipyn i beth, yn y cyfnod tywyll rhwng 450 a 700, torrwyd grym paganiaeth, er y byddai llawer hen goel ac arfer oesol yn parhau yn rhan o Gristionogaeth y werin bobl.

Mae'r ffaith fod enwau lleoedd ym mhob rhan o Gymru'n diogelu'r cof am Dewi, Padarn, Cybi, Cadfan, Garmon, Illtud a llu o rai eraill, yn dangos fel yr oedd dylanwad y genhedlaeth hon wedi ymestyn i bob cwr o'r wlad. Gadawsant eu hôl yn drwm ar fywyd cynnar y genedl ac ar ei dychymyg ar ôl hynny. Rhyw bum canrif yn ddiweddarach bu balchder cenedlaethol yn ysgogiad i lenorion fwrw ati i'w portreadu fel arwyr. A ffrwyth eu gwaith oedd y cnwd o "fucheddau" sy'n wedd mor nodweddiadol ar ddiwylliant Cymru'r Oesoedd Canol. Gwaith anodd, os nad amhosibl, yw didoli ffaith oddi wrth ffantasi ynddynt. Er hynny y maent, gyda'i gilydd, yn cyfoethogi'r atgof am gyfnod arwrol yn hanes Cristionogaeth Cymru.

Teg casglu felly fod yr ymchwydd ysbrydol mawr hwn wedi bod yn foddion i adfywio'r traddodiad Cristionogol ac i ledaenu ei ddylanwad. Trwy ymroddiad a dygnwch y "saint" hyn, llwyddwyd mewn chwalfa fawr i gadw "i'r oesoedd a ddêl y glendid a fu."

Croes Geltaidd Nanhyfer

Darllen pellach

E. G. Bowen, *Dewi Sant* (Caerdydd: Gwasg Prifysgol Cymru, 1983).

T. M. Charles-Edwards, *Wales and the Britons 350–1064* (Oxford: Oxford University Press, 2013).

D. Simon Evans (gol.), *Buchedd Dewi* (Caerdydd: Gwasg Prifysgol Cymru, 1965).

J. Wyn Evans a Jonathan Wooding (goln), *St David of Wales: Cult, Church, Nation* (Woodbridge: The Boydell Press, 2007).

K. M. Evans, *A Book of Welsh Saints* (Penarth: Church in Wales Press, 1967).

B. R. Rees, *Pelagius: A Reluctant Heretic* (Woodbridge: The Boydell Press, 1988).

Enid P. Roberts, *A'u Bryd ar Ynys Enlli* (Tal-y-bont: Y Lolfa, 1993).

Charles Thomas, *Christianity in Roman Britain to 500* (London: Batsford, 1981).

Michael Winterbottom (cyf. a gol.), *Gildas, The Ruin of Britain* (London: Phillmore, 1978).

Siân Victory, *The Celtic Church in Wales* (London: SPCK, 1977).

A.W. Wade-Evans, *Coll Prydain* (Lerpwl: Gwasg y Brython, 1950).

Cwestiynau trafod

- Darllenwch *Coll Prydain* gan Gildas a manylwch ar y darlun a rydd o Brydain.

- Beth oedd prif nodweddion y mynachod Celtaidd?

- I ba raddau y mae'r portread o Dewi Sant yn ei fuchedd yn esbonio pam y daeth yn nawddsant Cymru?

- Pa elfennau, os unrhyw rai, yn y Gristionogaeth Geltaidd sydd wedi parhau yn ein crefydd hyd heddiw?

YR EGLWYS GYFFREDINOL	CRISTNOGAETH CYMRU	CYFFREDINOL
	1066 Dyfodiad y Normaniaid	Sieffre o Fynwy (c. 1090–1155)
1054 Eglwys y Dwyrain ac Eglwys y Gorllewin yn gwahanu	Rhygyfarch (c. 1056–99)	**1136–1148** *Historia Regum Britanniae*
Bernard o Clairvaux (1090–1153)	Gorfodi Esgobaethau ar Gymru	**1176** Eisteddfod Fawr Aberteifi
	1107 Urban, Esgob Llandaf	Gerallt Gymro (1146–1223)
1096 Y Groesgad Gyntaf	**1131** Abaty Sistersaidd Cyntaf, Tyndyrn	**1188** Taith Gerallt Gymro Trwy Gymru
Ffransis o Assisi (1181/2–1226)	**1151** Abaty Hendy-gwyn	Llywelyn Fawr (1173–1240)
Tomos o Acwin (c. 1225–74)	**1164** Abaty Ystrad Fflur	**1282** Lladd Llywelyn ein Llyw Olaf
John Wycliffe (c.1380–84)	**1197** Lleiandy Llanllŷr	**1335–50** Dafydd ap Gwilym yn ei anterth
Ian Huss (c.1372–1415)	**1198** Abaty Cymer	**1347–50** Y Pla Du neu'r Geri Marwol trwy Ewrop
	1210 Abaty Glynegwestl	
1378 – 1417 Pabau yn gwrthdaro	**1236** Priordy Llanfaes	**1400–15** Glyndŵr
Tomos à Kempis (c. 1380–1471)	**c. 1250** Priordy Caerfyrddin, *Llyfr Du Caerfyrddin*	Siôn Cent (c. 1400–30)
1479 Sefydlu'r Chwilys	**1346** *Llyfr Ancr Llanddewibrefi*	**1485** Harri Tudur yn dod yn frenin Lloegr

Penllanw'r Oesoedd Canol

Concwerwyr Newydd

Yn niwedd yr unfed ganrif ar ddeg cyrhaeddodd y Normaniaid gyda'u creulondeb, eu rhaib a'u duwioldeb. Nid oeddent yn deall y traddodiad eglwysig Cymreig ac felly rhaid oedd diwygio'r Eglwys er mwyn iddi gydymffurfio â phatrymau'r Cyfandir. Ac wrth ddiwygio yr oeddent yn distrywio. Yn fuan ar ôl i Urban ddod yn esgob Llandâf ym 1107, dechreuwyd diffinio terfynau pedair esgobaeth Cymru. Ymddangosodd archddiaconiaid i weinyddu trefn a disgyblaeth y tu mewn i'r esgobaethau. Gynt y cantref oedd yr uned gymdeithasol naturiol yng Nghymru. Gwasanaethid y cantref gan y clas, yr uned eglwysig lle'r oedd y claswyr yn cydweithio fel uned â'i gilydd. Yr oedd y clas yn cynnwys lleygwyr yn ogystal â chlerigwyr ac yn wir ni roddid llawer o bwys ar y gwahaniaeth rhwng y gŵr ordeiniedig a'r gŵr lleyg. Ac yr oedd incwm y clas yn incwm cyffredin y claswyr. Yn unol â'r drefn hon, yr oedd Ynys Môn gyfan, er enghraifft, yn cael ei gwasanaethu mewn materion ysbrydol gan ddwy fam-eglwys, y naill ym Mhenmon a'r llall yng Nghaergybi. Ceid capeli neu eglwysi bychain yma ac acw, os oedd angen, ac onide, penodai'r clas gaplaniaid i weinidogaethu mewn ardal, fel y gwnâi Caergybi ym Modwrog a Bodedern. Bellach daeth diwedd ar y drefn hon gyda'i gweinidogaeth deithiol, ac yn ei lle sefydlwyd y drefn blwyfol, pob plwyf â'i offeiriad ei hun, pob offeiriad â'i dâl ariannol ei hun, a phob plwyf yn atebol i'r esgob, a phob esgob yn llywodraethu dros ei diriogaeth ddiffiniedig. A phob esgob yn ddarostyngedig i Archesgob Caer-gaint. Mewn gair, dyma ddiwedd yr hen drefn Gymreig.

Wyddoch chi?

Pobl o ogledd Ffrainc, â'u gwreiddiau yn Llychlyn oedd y Normaniaid. Cyrhaeddasant Ffrainc yn ystod y nawfed ganrif.

Gorchfygodd Gwilym II, dug Normandi, Loegr yn ystod Brwydr Hastings ym 1066 a chael ei goroni'n Gwilym I, brenin Lloegr.

Abaty Tyndyrn, Sir Fynwy, sefydlwyd yn 1131

Priordai ac Abatai

Mynegai'r Normaniaid eu duwioldeb trwy godi mynachdai newydd. Nid oedd yr hen fynachaeth Gymreig wedi llwyr ddarfod amdani, ond buan y disodlwyd hi gan urddau newydd. Roedd yn hoff gan y Normaniaid noddi'r urddau yr oeddent yn gyfarwydd â hwy ar y Cyfandir, ac yr oedd mwyafrif y tai newydd yn gelloedd neu ganghennau o dai Ffrengig. Felly sefydlwyd 19 o dai Benedictaidd yn ne Cymru a dau yn y Gogledd. Tai bychain, yn cynnwys rhyw hanner dwsin o breswylwyr, oedd y rhain, ond pe baent yn cynyddu i gynnwys deuddeg neu fwy o fynachod, caent waddoliadau haelach i'w gwneud yn dai mwy urddasol. Sefydliadau estron oeddent heb nemor ddim cyswllt â'r bywyd Cymreig ac yr oeddent yn nythu yng nghysgod cadarnleoedd y Normaniaid, fel yng Nghas-gwent, Trefynwy a'r Fenni. A cheid tai'n perthyn i urddau heblaw'r Benedictiaid, fel y Tironiaid yn Llandudoch (1120), y Canoniaid Awstinaidd yn Llanddewi Nant Hodni (c. 1108) a'r Premonstratensiaid yn Nhal-y-llychau (c. 1185).

Sistersiaid

Gyda dyfodiad y Sistersiaid y dechreuodd y Cymry gynhesu at y fynachaeth Normanaidd. Gwir mai Normanaidd hollol oedd y tŷ cyntaf i'w sefydlu, sef Tyndyrn (Tintern) a godwyd gan Walter fitz Richard, Arglwydd Cas-Gwent, ym 1131. Ond bu newid gyda sefydlu cangen o abaty enwog Clairvaux yn Trefgarn Fach ym Mhenfro gan Bernard, Esgob Tyddewi, ym 1140. Mudodd y mynachod hyn i Hendy-gwyn ym 1151 ac oddi yno lledodd canghennau i'r ardaloedd a oedd o dan nawdd y tywysogion. Sefydlwyd Ystrad Fflur ym 1164 a daeth yr abaty hwnnw a Hendy-gwyn o dan nawdd Rhys ap Gruffydd (Yr Arglwydd Rhys, 1132–97). Dyma'n awr ddechrau denu Cymry i gofleidio'r bywyd mynachaidd. O Hendy-gwyn y tarddodd Ystrad Marchell (1170) a Chwm-hir (1176). O Ystrad Fflur y tarddodd Llantarnam (1179) ac Aberconwy (1186), tŷ a noddwyd gan Llywelyn Fawr a'i olynwyr, ac a leolwyd yn y man lle mae tref Conwy ar hyn o bryd. Cwm-hir a sefydlodd Cymer, Dolgellau (1198), ac Ystrad Marchell a sefydlodd Glynegwestl (Valle Crucis) ym 1210. Gwnaethpwyd darpariaeth ar gyfer merched hefyd trwy sefydlu lleiandai Llan-llŷr (1197), Llanllugan (1236) a Brynbuga (1236).

Gellir gweld oddi wrth leoliad mwyafrif y tai hyn iddynt gael eu gosod yn y rhannau Cymreig o Gymru lle'r oedd dylanwad y tywysogion ar ei gryfaf.

Yna daeth yr urddau crwydrol, y Ffransisiaid (Y Brodyr Llwydion) a'r Dominiciaid (Y Brodyr Duon). Dyma'r urddau oedd yn arbenigo ar deithio o amgylch yn pregethu. Yr oedd y priordy yn Llan-faes, Ynys Môn, a godwyd gan Llywelyn Fawr ym 1236 fel cofadail i'w briod, Siwan, yn enghraifft gynnar iawn o sefydliad Ffransisaidd. Ceid priordai eraill o eiddo'r un urdd yng Nghaerdydd a Chaerfyrddin. Yr oedd gan y Dominiciaid hwythau briordai yn Aberhonddu, Caerdydd a Bangor.

Cyfraniad y Mynachlogydd

Er bod y Benedictiaid yn tueddu i ddenu Saeson a Ffrancod, a'r Sistersiaid yn denu'r Cymry, yr oedd y naill urdd a'r llall yn tynnu eu deiliaid o blith y dosbarth cefnog. Dim ond pobl felly a allai fforddio'r rhodd a oedd yn sicrhau mynediad i fynachlog. Yr oedd yn rhaid wrth amod fel hyn neu byddai'r mynachlogydd yn llawn o dlodion yn

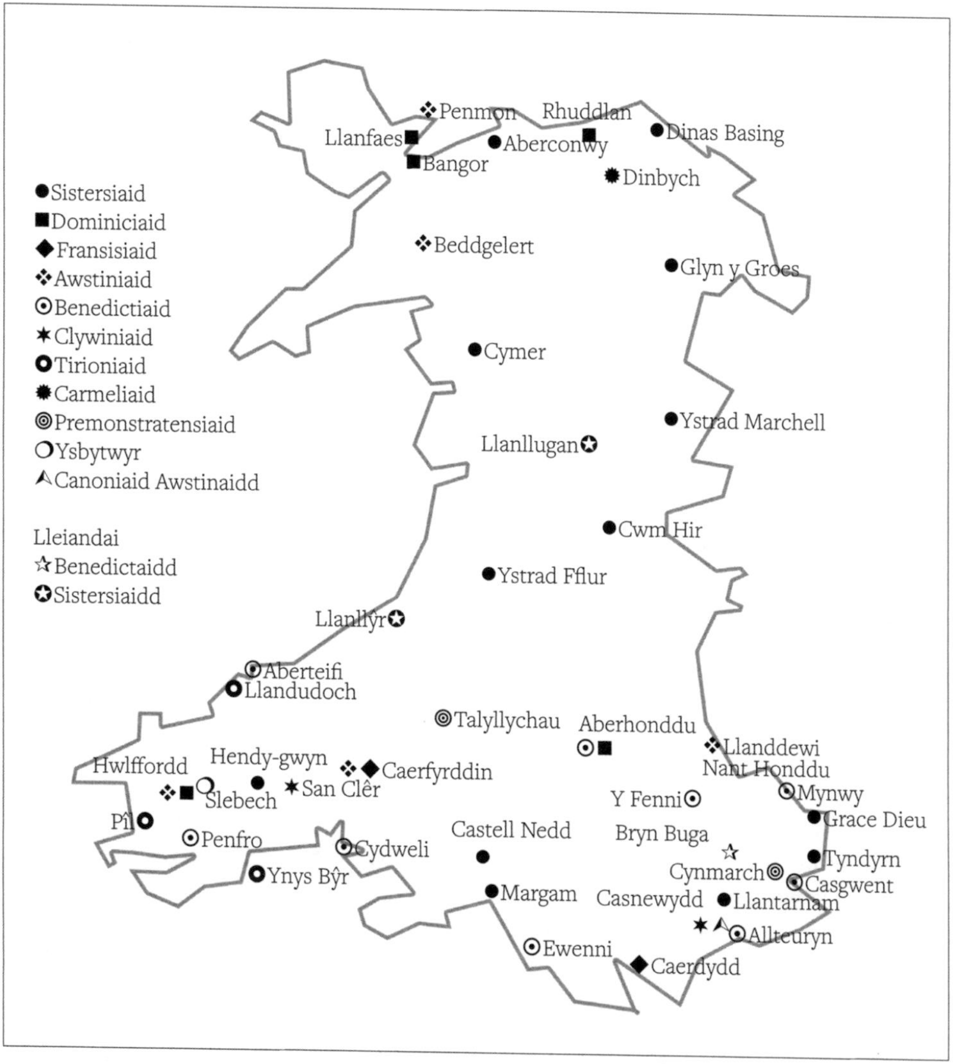
●Sistersiaid
■Dominiciaid
◆Fransisiaid
❖Awstiniaid
⊙Benedictiaid
✶Clywiniaid
○Tirioniaid
✹Carmeliaid
◎Premonstratensiaid
❍Ysbytwyr
Canoniaid Awstinaidd
Lleiandai
☆Benedictaidd
✪Sistersiaidd
Penmon
Rhuddlan
Llanfaes
Aberconwy
Dinas Basing
Bangor
Dinbych
Beddgelert
Glyn y Groes
Cymer
Ystrad Marchell
Llanllugan
Cwm Hir
Ystrad Fflur
Llanllŷr
Aberteifi
Llandudoch
Talyllychau
Aberhonddu
Llanddewi
Nant Honddu
Hwlffordd
Hendy-gwyn
Caerfyrddin
Slebech
San Clêr
Y Fenni
Mynwy
Pîl
Penfro
Cydweli
Castell Nedd
Bryn Buga
Grace Dieu
Tyndyrn
Cynmarch
Casgwent
Ynys Bŷr
Margam
Casnewydd
Llantarnam
Allteuryn
Ewenni
Caerdydd

Map yn dangos lleoliad amrywiol fynachlogydd a lleiandai yng Nghymru

chwilio am sicrwydd economaidd. A sut bynnag, nid oedd angen i bobl felly fynd i fynachlog i fyw'r bywyd tlawd!

Nid oedd y mynachlogydd yn gymaint o ganolfannau ysgolheictod ag y tybir ambell dro. Er hynny, ni ddylid diystyru eu cyfraniad. Aeth llawer iawn o'u llawysgrifau ar goll ond y mae rhai o'n trysorau llenyddol pennaf wedi dod o lyfrgelloedd y mynachlogydd. Daeth *Brut y Tywysogion* o Ystrad Fflur, *Llyfr Du Caerfyrddin* o briordy'r Awstiniaid yn y dref, *Llyfr Aneurin* o Abaty Dinas Basing a *Llyfr Taliesyn* o Fargam.

Yr oedd y mynachlogydd yn berchnogion tiroedd lawer. Yn wir, yr oedd y Sistersiaid wedi ennill enw drwg fel rhai crafangog am diroedd. Yr oedd yn rhaid wrth grefftwyr, ffermwyr a bugeiliaid i drin y tiroedd, medi'r cynaeafau a chodi anifeiliaid. Ac nid oedd gan y mynachod eu hunain yr amser na'r medrau i wneud y math yma o waith na'i arolygu. O ganlyniad, yr oedd pob mynachlog diriog yn gorfod cyflogi llawer o leygwyr a'r rheini'n barod iawn i fanteisio ar eu safle. Gan fod rheolau Urdd y Sistersiaid yn mynnu fod y mynachod eu hunain yn gwneud cymaint ag a allent o'r gwaith, yr oedd y berthynas rhyngddynt hwy a'u cymdogion yn arbennig o glos. Ac o'r tiroedd a'r taliadau oedd ynghlwm

wrthynt y deuai incwm 'tymhorol' (seciwlar) y fynachlog.

O'r gwasanaethau crefyddol a bugeiliol a roddai'r fynachlog y deuai'r incwm 'ysbrydol'. Ambell dro trsoglwyddid nawdd plwyf neu ddegymau i'r fynachlog ac yr oedd hynny'n ychwanegu at yr incwm ysbrydol. Yr oedd Priordy Aberhonddu, er enghraifft, yn cael £86/6/8 o incwm ysbrydol a dim ond £36/3/4 o'i feddiannau tymhorol ym 1291; ond mewn sefydliad fel Abaty Nedd dim ond un rhan o hanner cant o'r incwm a ddeuai o'r ffynonellau ysbrydol.

Rhwng popeth, yr oedd y mynachlogydd yn wedd bwysig ac amlwg ar fywyd Cymru yn yr Oesoedd Canol. Yr oeddent wrth gwrs yn rhoi cyfle i fagu disgyblaeth a safonau moesol ac ysbrydol. Ond yr oeddent hefyd yn cyfrannu'n ddiwylliannol ac yn economaidd at fywyd y wlad.

Gwŷr Eglwysig

Cynhyrchodd Cymru lawer o gymeriadau eglwysig diddorol a dylanwadol pan oedd Pabyddiaeth yn ei bri. Er mai yn Llydaw yr oedd gwreiddiau Sieffre (1090?–1155), â Mynwy y cysylltir ei enw bob amser. Cafodd ei ethol yn Esgob

Llanelwy ym 1151 ond nid ymddengys iddo ymweld â'i esgobaeth. Fe'i cofir bellach fel awdur *Historia Regum Britanniae* a gyfansoddodd rhwng 1136 a 1148. Fe'i cyfieithwyd i'r Gymraeg o dan y teitl *Brut y Brenhinoedd*. Mae'n olrhain hanes y Brythoniaid o amser Brutus a'r gwarchae yng Nghaer Droia hyd ddyfodiad y Saeson, gan ddibynnu ar lu o awduron amrywiol. Bychan iawn yw gwerth hanesyddol y llyfr ond daeth yn rhyfeddol o boblogaidd. Rhoddodd i'r Cymry dras glasurol ac ychwanegu felly at eu balchder cenedlaethol. Mwy na hynny, gwnaeth stori'r Brenin Arthur yn hysbys a rhoi cychwyn felly i gylch eithriadol ddylanwadol o chwedlau rhamantus.

Nid Cymro oedd Gwallter Map (1140?– 1209?) ond un o'r Gororau, o ffiniau Henffordd. Yn ei ddydd yr oedd yn ŵr hynod bwysig, yn ffefryn gan y Brenin Harri II. Bu yn Ffrainc droeon gyda'r brenin ac fe'i hanfonwyd ganddo i Gyngor y Lateran yn Rhufain ym 1179. Er i'w gyfaill, Gerallt Gymro, awgrymu ei enw fel esgob posibl i Dyddewi, ni ddaeth dim o'r awgrym. Yn ei lyfr *De Nugis Curialium* ('Lloffion o'r Llys') ceir nifer o straeon am Gymru, fel honno am y Tywysog Gruffydd ap Cynan. Breuddwydiodd un o'i wŷr llys fod ei briod, y dywysoges, wedi dioddef anaf mewn damwain. Carcharodd Gruffydd ef am ei sarhau hi. Aeth yr achos o flaen barnwr doeth. Yn ei ddyfarniad dywedodd, gan mai mewn breuddwyd y digwyddodd y peth, cysgod sarhad oedd hwn. Petai'n sarhad gwirioneddol, byddai'n rhaid i'r gŵr fforffedu mil o wartheg. Boed iddo felly gasglu mil o wartheg ar lan Llyn Llan-gors ar ddiwrnod heulog yn yr haf a boed i'r Tywysog Gruffydd gasglu mil o gysgodion gwartheg oddi ar wyneb y llyn yn iawn am y cysgod o sarhad yn erbyn ei briod!

Llenor a Diwygiwr

Archddiacon oedd Gerallt Gymro (1146?– 1223) fel Gwallter Map. Fe'i ganed ym Maenor Bŷr, Penfro, yn fab i William de Barri a'i wraig, Angharad. Yr oedd felly o dras cymysg, Cymreig a Normanaidd. Cafodd addysg ragorol a phenodwyd ef yn Archddiacon Aberhonddu, swydd a ddaliodd nes iddo ymddeol o'r bywyd cyhoeddus ym 1203. Trwy ei waith llenyddol, down i wybod llawer am ei bersonoliaeth a'i ddiddordebau. Etifeddodd asbri'r dadeni diwylliannol a ddigwyddodd yn Ewrob yn y ddeuddegfed ganrif, fel y gwelir yn ei Ladin coeth, ei wybodaeth Feiblaidd, ei hoffter o fyd

Nid oes neb cardotyn ymhlith y genedl hon. Y mae tai pawb yn gyffredin i bawb. Yn wir, rhoddant ragoriaeth dros yr holl rinweddau i haelioni, ac i groesawgarwch yn arbennig ... Y mae gan bob ty yma lancesau a thelynau ar gyfer y gwaith hwn (cerdd dannau) ... Hefyd y mae'n genedl o ddeall treiddgar a chraff. Trwy ddawn eu hathrylith gyfoethog, rhagorant ym mha astudiaeth bynnag y rhoddont eu bryd arni. Ac y mae'r genedl hon i gyd yn gyffredinol yn fwy deallus a chraffach ei meddwl na'r cenhedloedd eraill sy'n trigo mewn hinsawdd orllewinol ... Yn eu peroriaeth gerddorol, seiniant y caneuon, nid yn unllais fel mewn gwledydd eraill, ond mewn llawer llais ac mewn llawer modd a chywair ... Dyheant fwyaf, yn anad popeteh arall, am linach rywiog, ac ardderchowgrwydd achau. Ac felly, mwy dymunol o lawer ganddynt briodasau gyda theuluoedd bonheddig, na chyda rhai cefnog neu gyfoethog. Y mae hyd yn oed y distatlaf o'r werin yn ofalus am ei daflen achau ... I fyned rhagom, yn y dyddiau gynt, ymhell cyn cwymp y Brytaniaid, ryw ddau can mlynedd cyn hynny, y sefydlwyd ac y cadarnhawyd hwy yn y ffydd.

Detholiad o Waith Gerallt Gymro, Y Disgrifiad o Gymru, allan o *Gerallt Gymro*, cyfieithydd Thomas Jones, Caerdydd 1938.

natur a'i ysbryd rhyddfrydig. Gwyddai beth oedd y tyndra teimladol sy'n blino pobl a etifeddodd ddau ddiwylliant, ac yr oedd brwydr barhaus yn ei fynwes rhwng uchelgais a gofynion ei alwad offeiriadol.

Ar ôl bod ar draws y wlad wrth gwt yr Archesgob Baldwin yn recriwtio milwyr i'r groesgad ym 1188 ysgrifennodd ei lyfr *Taith trwy Gymru*. Gyda'i ffraethineb, ei

ymhyfrydu mewn stori dda, ei ddiddordeb di-ball mewn pobl, gwnaeth Gerallt hwn yn glasur. Mewn llyfr arall, *Gemma Ecclesiastica*, yr archddiacon a gawn, yn trafod cymwysterau offeiriad da. Dylai hwnnw weinyddu'r offeren yn rheolaidd a chyda pharch. Dylai fod yn esiampl i'w blwyfolion. Dylai garu dysg. Nid yw Gerallt uwchlaw adrodd stori sy'n dinoethi anwybodaeth ambell offeiriad a gyfarfu, ond at ei gilydd y diwygiwr eglwysig sy'n siarad yma, gŵr sy'n eiddigeddus tros y safonau uchaf ymhlith offeiriaid.

Cymeriad cymhleth oedd Gerallt, gŵr yn sefyll ar y ffiniau rhwng Cymro a Norman, rhwng yr offeiriad a'r lleygwr, rhwng yr ysgolhaig a'r digrifwr. Ac eto y mae ganddo gyfaredd sy'n pontio'r canrifoedd. Yr oedd yn dyheu am gael ei gofio ar ôl ei farw a chafodd ei ddymuniad.

Cymru unol Gristionogol?

Uchelgais mawr Gerallt Gymro oedd cael bod yn esgob Tyddewi. Er ei enwebu i'r swydd ym 1176 a 1198, ni chafodd ei ethol. Safodd y Goron a Chaer-gaint yn gadarn yn ei erbyn. Nid rhyfedd hynny. Yr oedd rhywbeth mwy nag uchelgais bersonol yn ei gorddi. Bu'n feirniadol o'r esgobion Seisnig a etholwyd i esgobaethau Cymru. Nid oedd yr un dafn o eneiniad gras Duw arnynt, meddai. Dynion rheibus a bachog oeddent a'u llygaid ar eu mantais eu hunain. Breuddwyd Gerallt oedd gweld yr Eglwys Gatholig yng Nghymru'n cael ei harchesgob ei hun ac felly'n cael rhyddid oddi wrth iau Caer-gaint. Ond yr oedd gŵr arall yr oedd ei bolisïau'n prysur uno

Cymru. Y gŵr hwnnw oedd Llywelyn ap Iorwerth (Llywelyn Fawr, 1173–1240), Tywysog Gwynedd. Er mai mewn termau ffiwdalaidd yr oedd Llywelyn yn meddwl, yr oedd posiblrwydd cynghrair rhwng Llywelyn a Gerallt, rhwng tywysog pŵerus ac archesgob penderfynol, yn fwy nag y gallai Llundain a Chaer-gaint ei oddef.

Cerflun o Gerallt
yn Eglwys Gadeiriol Tyddewi

Darllen Pellach

F. G. Cowley, *A History of the Monastic Order in South Wales* (Cardiff: University of Wales Press, 1977).

Oliver Davies, *Celtic Christianity in Early Medieval Wales: the Origin of the Welsh Spiritual Tradition* (Cardiff; University of Wales Press, 1996).

Muriel Bowen Evans, Y *Canol Oesoedd*, Rhan I (Caerdydd: Gwasg Prifysgol Cymru, 1973).

A.O.H. Jarman, *Sieffre o Fynwy* (Caerdydd: Gwasg Prifysgol Cymru, 1966).

Tegwyn Jones, *Hanes Cymru yn Oes y Tywysogion* (Caerdydd: Gwasg Prifysgol Cymru, 1983).

Thomas Jones (cyf. a gol.), *Gerallt Gymro* (Caerdydd: Gwasg Prifysgol Cymru, 1938).

Carys Moseley, 'Johannes Wallensis OFM (Siôn o Gymru): Arwyddocâd diwinyddiaeth Urdd San Ffransis o Assisi ddoe, heddiw ac yfory', *Diwinyddiaeth*, LV (2014).

Glanmor Williams (cyf. T. M. Bassett), *Yr Eglwys yng Nghymru o'r Goncwest hyd at y Diwygiad Protestannaidd* (Caerdydd: Gwasg Prifysgol Cymru, 1968).

Glanmor Williams, *The Welsh and their Religion: Historical Essays* (Cardiff: University of Wales Press, 1991), penodau 1–3 yn arbennig.

www.monasticwales.org

Cwestiynau trafod

- Pa ddadleuon y gellir eu cynnig o blaid mynachaeth fel mynegiant o ddisgyblaeth Gristionogol?

- Beth yw'r dadleuon y gellir eu cynnig yn erbyn mynachaeth?

- I ba raddau y mae cysylltiad agos rhwng yr Eglwys a llywodraethwyr gwlad yn fantais neu'n anfantais?

- Edrychwch ar ddisgrifiad Gerallt Gymro o rinweddau'r Cymry. Pa rai ohonynt sy'n aros o hyd?

YR EGLWYS GYFFREDINOL

Martin Luther (1483–1546)

1517 Dechrau'r Diwygiad Protestannaidd

1521 Harri VIII yn cael y teitl "Amddiffynydd y Ffydd" gan y Pab

1522 Testament Newydd Almaeneg Luther

William Tyndale (c. 1494–1536)

1525 Testament Newydd Tyndale

1533 Harri VIII yn dod yn ben yr Eglwys yn Lloegr.
Thomas Cranmer Archesgob Caergaint

Miles Coverdale (c.1488–1569)

1539 Beibl Saesneg Coverdale

1536–1542 Machlud y Mynachlogydd

1547 Edward VI

1547 Llyfr Gweddi Saesneg Cyntaf

1553–1557 Mari Waedlyd
Llosgi Protestaniaid

1558 Elisabeth I
Sefydlu'r drefn Anglicanidd

CRISTNOGAETH CYMRU

William Salesbury (c.1520–c.1584)

1536 Cau y rhan fwyaf o fynachlogydd Cymru

1551 *Kynnifer Llith a Ban*

1555 Llosgi Robert Ferrar Esgob Tyddewi

1561 Richard Davies (c.1501 – 1581) esgob Llanelwy ac wedyn Tyddewi

1567 *Testament Newydd Cymraeg* a Llyfr Gweddi

William Morgan (1545–1604)

1588 Beibl William Morgan

CYFFREDINOL

Copernicus (1473–1543)

Michelangelo (1475–1564)

1523 a 1567/8 Eisteddfodau Caerwys Ystad Mostyn

1536 a 1542 Deddfau Uno Cymru a Lloegr

1546 *Yn y Llyfr hwn*
Llyfr printiedig Cymraeg cyntaf

1547 *A Dictionary in Englyshe and Welshe*

Shakespeare (1564–1616)

1588 Armada Sbaen

Y Diwygiad Protestannaidd

Diwedd yr Hen Drefn

Erbyn tua 1530 yr oedd yr Eglwys Gatholig yng Nghymru yn llesgau, fel yr oedd dros rannau helaeth o Ewrob. Aeth ei gofynion ariannol yn faich llethol, ac yr oedd bywyd moethus prif swyddogion yr Eglwys yn cyferbynnu'n llwyr â thlodi'r offeiriaid plwyf. Yr oedd llawer o'r rheini'n ddiaddysg ac anwybodus, a'r gwaith bugeiliol ac addysgol yn dioddef yn enbyd o'r herwydd. Dirywiodd yr addoli'n ddefodaeth fecanyddol. Gwir fod eithriadau, gwŷr goleuedig ac ymroddgar, ond prin oeddent a bychan oedd eu dylanwad. Estroniaid oedd yr esgobion, a cheid tyndra parhaus rhyngddynt hwy a'r Cymry a oedd o dan eu rheolaeth. Ymhlith mwyafrif y werin bobl dirywiodd Cristionogaeth i fod yn gylch o ddefodau'n porthi ofergoeliaeth gydag anwybodaeth gyffredinol am gynnwys y Beibl ac arwyddocâd ei athrawiaethau sylfaenol. Mewn gair, yr oedd angen dybryd am ddeffroad ysbrydol mawr. A dyna'n union beth oedd y Diwygiad Protestannaidd.

Y Cyfnewidiadau Cyfreithiol

Unwyd Cymru â Lloegr trwy'r Deddfau Uno a basiwyd ym 1536 a 1542. Bellach disodlwyd yr hen drefn gyfreithiol Gymreig a chymhwyswyd deddfau Lloegr at y wlad. O ganlyniad yr oedd y cyfnewidiadau cyfreithiol a wnaethpwyd o dan Harri VIII a'i weinidog pwerus, Thomas Cromwell, yn effeithio ar Gymru'n ogystal â Lloegr. Mynnodd Harri dorri'r cysylltiad â Rhufain trwy wahardd talu ffioedd a chyfraniadau ariannol i'r Pab. Nid oedd neb chwaith i apelio at lys y Pab mewn materion cyfreithiol a gweinyddol. Penllanw'r ddeddfwriaeth hon oedd y Ddeddf Uchafiaeth (1533) yn datgan nad y Pab bellach oedd "prif Ben yr Eglwys" ond y brenin. Cyhoeddi hunanlywodraeth yr Eglwys Anglicanaidd felly oedd calon y polisi hwn. Gwnaethpwyd rhai cyfnewidiadau athrawiaethol ond cytunir erbyn hyn mai camau bychain a phetrus i gyfeiriad Protestaniaeth oedd y rhain. "Catholigiaeth heb y Pab" oedd nod Harri. Y cam pwysicaf a gymerwyd tuag at drawsnewid athrawiaeth maes o law oedd awdurdodi cyhoeddi a defnyddio'r Beibl Saesneg yn y plwyfi (1539). Er hynny, ni bu newid yn nhrefn y gwasanaethau nac yn

*Olion Abaty
Ystrad Fflur
heddiw*

llywodraeth yr Eglwys. Yn Lladin yr oedd y gwasanaethau o hyd. Ac, wrth gwrs, yng Nghymru nid oedd cael Beibl Saesneg o fawr gwerth. Ac yr oedd yr esgobion yn dal yn brif swyddogion yr eglwys.

Machlud y Mynachlogydd

Yr arwydd cyntaf a gafodd pobl Cymru fod newid mawr ar ddigwydd oedd diflaniad y mynachlogydd. Yn Chwefror 1536 pasiwyd deddf i ddiddymu pob mynachlog yr oedd ei hincwm yn llai na £200 y flwyddyn a throsglwyddo ei hadnoddau i'r goron. Yng Nghymru yr oedd 47 o dai crefydd, pob un ohonynt a'i incwm yn llai na £200. Er bod ambell fynachlog wedi llwyddo i ymestyn ei hoes am ychydig amser, yr oedd y cwbl ohonynt wedi eu diddymu erbyn 1539.

Cyfrifoldeb Llys yr Ychwanegiadau oedd trafod yr eiddo. Trefnwyd i roi pensiynau i'r mynachod a'r lleianod ond cafodd y tiroedd a'r meddiannau eu gwerthu neu eu gosod ar brydles i wŷr ariannog. A bu hyn yn foddion i gynyddu cyfoeth pobl a oedd eisoes yn gyfoethog. Ac yr oedd pabyddion brwd mor fachog â neb yn yr ymgiprys. Gwelwyd dinistrio llawer adeilad hardd o ganlyniad, a diflannodd llawer trysor llenyddol. Ond o safbwynt crefyddol ni bu'r diddymu'n drychineb. Prin oedd yr ymgeiswyr am le mewn mynachlog ac ychydig o breswylwyr a geid mewn llawer ohonynt. Roedd disgyblaeth wedi mynd yn llac a cheid cryn aflerwch yng ngweinyddiad yr eiddo, mwy o aflerwch nag o anfoesoldeb. Mewn gair, pallodd yr angerdd a'r ddelfrydiaeth a roes fod i'r urddau mynachaidd.

Y Cyfnewidiadau Gweinyddol

Un o ganlyniadau uniongyrchol y deddfau newydd oedd fod y Pab wedi colli ei awdurdod i wneud penodiadau. Bellach, y Goron a benodai'r esgobion, a gallai hi ymorol fod dynion a cefnogai'r drefn newydd yn cael y swyddi allweddol hyn.

Y cyntaf o'r penodiadau hyn yng Nghymru oedd William Barlow (1499?–1568). Gŵr o Essex oedd Barlow a bu'n brior tri thŷ Awstinaidd yn Lloegr cyn dod yn brior Hwlffordd ym 1534, lle y rhoes fynegiant croyw i'r Brotestaniaeth. Yn Ionawr 1536 daeth yn Esgob Llanelwy ond yn Ebrill trosglwyddwyd ef i Dyddewi. Aeth ati gydag egni mawr i hybu Protestaniaeth, a buan y cythruddodd y clerigwyr ceidwadol a'u tynnu yn ei ben. Nid oedd yn unrhyw help i'r achos ei fod yn rhy barod i ddefnyddio ei awdurdod er mantais i'w berthnasau ei hunan. Yr oedd yn rhy dymhestlog ac annoeth i ennill cydymdeimlad ei glerigwyr ac yr oedd ei ysbryd gwrth-Gymreig yn ei bellhau oddi wrth bobl ei esgobaeth. Rhyddhad i bawb oedd iddo gael ei drosglwyddo o Dyddewi i Gaerfaddon a Wells ym 1548.

Ei olynydd oedd Robert Ferrar (bu farw 1555), Sais arall wedi ei eni yn Halifax.

Yr oedd yntau'n Brotestant eiddgar ac yn y diwedd tystiodd i'w ffydd trwy ferthyrdod. Buan yr aeth yn helyntion dybryd rhyngddo a phrif swyddogion yr esgobaeth. Nid Protestaniaeth oedd yn peri'r cythrwfl, oherwydd yr oedd cystal Protestaniaid ag yntau yn eu plith. Dulliau Ferrar o weinyddu ei swydd oedd yn peri'r anghydfod, a diwedd y gân oedd i'w feirniaid lunio 56 o gyhuddiadau yn ei erbyn i'w hanfon i Gyngor y Brenin. Daeth ei achos o flaen Llys y Sesiwn Fawr yn Hydref 1552 a chafodd ei garcharu. Ac o dan glo y bu weddill ei ddyddiau. Nid oedd helyntion fel hyn yn hanes y ddau esgob yn foddion i hybu'r achos Protestannaidd; ond da cofio fod rhai o arweinwyr Protestaniaeth y dyfodol ymhlith ei gyhuddwyr, pobl fel Thomas Young, Rowland Meyrick a Thomas Huet.

Erlid

Ond os gallai'r llywodraeth lunio dyfodol gwahanol i'r Eglwys, gallai hefyd droi'r cloc yn ei ôl. Gyda marw'r brenin Edward VI ar 6 Gorffennaf 1553, daeth Mari, ei hanner chwaer, i'r orsedd. Merch oedd i'r frenhines Katherine a ysgarwyd gan Harri VIII, ac yr oedd yn gas gan Mari bopeth cysylltiedig â Phrotestaniaeth.

Nid rhyfedd iddi gefnogi'n frwd yr ymgyrch i'w diwreiddio. Adferwyd y deyrnas i ufudd-dod Rhufain ac ail-ddatganwyd y deddfau yn erbyn heresi. Yn Chwefror 1555 dechreuwyd llosgi Protestaniaid. Cafwyd tri merthyr yng Nghymru. Yr enwocaf ohonynt oedd Robert Ferrar, cyn-esgob Tyddewi. Ei brif erlynydd oedd Henry Morgan, y gŵr a'i dilynodd yn Nyddewi. Gwrthododd Ferrar bob cynnig i ddatgyffesu ei ffydd a llosgwyd ef wrth groes y farchnad yng Nghaerfyrddin ar 30 Mawrth 1555. Pysgotwr diaddysg oedd Rawlins White a gynhaliai gyfarfodydd crefyddol yng nghylch Caerdydd. Gwnaeth esgob Llandaf, Anthony Kitchin, ei orau glas i gael ganddo blygu a derbyn Pabyddiaeth. Gwrthododd White a chafodd ei losgi yng Nghaerdydd ym 1555 o fewn ychydig lathenni i Eglwys Fair. Ni wyddom ddim am y trydydd merthyr, William Nichol, a losgwyd yn Hwlffordd ar 9 Ebrill 1558. At ei gilydd dihangodd Cymru rhag erchyllterau gwaethaf yr erlid ond gadawodd flynyddoedd Mari Tudur eu hôl yn annileadwy ar gof a dychymyg y genedl.

Y merthyr Protestannaidd, Robert Ferrar, Esgob Tyddewi

Y Cyfnewidiadau Litwrgaidd

Daeth Edward VI i'r orsedd gyda marw Harri VIII, ei dad, ar 28 Ionawr 1547. Cytunir bellach mai yn ystod teyrnasiad Edward y cyrhaeddodd Protestaniaeth y wlad yn ei grym. Nid nad oedd llu o unigolion, yn ogystal â mudiadau fel Lolardiaeth a'r Ailfedyddwyr wedi bod yn gweithio tros Brotestaniaeth yng nghyfnod Harri VIII. Nid oedd Edward ond naw oed pan ddaeth i'r orsedd ac yr oedd awenau'r llywodraeth yn nwylo Dug Somerset (1506?–1552) hyd Hydref 1549 a Dug Northumberland (1502?–1553) ar ôl hynny. Protestaniaid eiddgar oeddent hwy ac aethant ati i weddnewid bywyd yr Eglwys. O dan arweiniad Thomas Cranmer (1489–1556), Archesgob Caer-gaint ers 1533, bu chwyldro yn ei dulliau addoli hefyd.

Yn 1547 pasiwyd deddf i ddiddymu'r siantrïau, y sefydliadau a waddolwyd i offrymu offerennau tros eneidiau yn y purdan. Ym 1552 aethpwyd ati i feddiannu'r addurniadau a'r gwisgoedd pabyddol a oedd yn aros yn yr eglwysi. Yr oedd dylanwad Calfiniaeth yn amlwg yn y symudiad hwn.

Pwysicach o safbwynt y cymunwyr yn y plwyfi oedd y newid mewn addoli. Lluniwyd y gwasanaethau newydd trwy ddiwygio a chyfuno'r amrywiol wasanaethau a ddefnyddid yn yr Oesoedd Canol ac fe'u cyhoeddwyd yn y *Llyfr Gweddi Gyffredin* a oedd i'w ddefnyddio ym mhob eglwys a chapel ar ôl y Sulgwyn 1549. Nid oedd y gyfrol hon wrth fodd y Protestaniaid eiddgar am fod gormod o elfennau pabyddol yn aros ynddi. Felly diwygiwyd hi ac ymddangosodd yn ei ffurf newydd ym 1552. Ceisiodd Cranmer felly gyfuno'r hyn oedd yn dderbyniol yn y traddodiad litwrgaidd Catholig ag argyhoeddiadau Protestannaidd am flaenoriaeth y Beibl mewn addoli. A thrwy ei feistrolaeth tros yr iaith Saesneg cynhyrchodd gyfrol sy'n glasur llenyddol.

Yr oedd hyn i gyd yn fygythiad i Gymru a'i diwylliant. Ni wnaeth y llywodraeth unrhyw ymgais i baratoi fersiynau o'r *Llyfr Gweddi* mewn ieithoedd heblaw Saesneg nac ychwaith i sicrhau Beibl Cymraeg. Byddai pob gwasanaeth trwy Gymru yn awr yn Saesneg yn lle Lladin a byddai'r Eglwys yn cael ei harneisio wrth y polisi "un genedl" a ysbrydolodd y Ddeddf Uno. Y peth sy'n arbennig o gwmpas y Diwygiad Protestannaidd yng Nghymru yw fod cylch o ddynion, a'u gwreiddiau yn Nyffryn Clwyd a Dyffryn Conwy, wedi sylweddoli'r perygl a bwrw ati i'w symud.

Yr arloeswr oedd William Salesbury (1520?–1594?), mab Cae-du, Llansannan. Cafodd ei addysg yn Rhydychen ac Ysbytai'r Frawdlys yn Llundain. Cyfunai ynddo'i hun y diwylliant clasurol Cymraeg, addysg orau'r oes a gwefr y Dadeni Dysg.

Pan oedd yn fyfyriwr cafodd dröedigaeth a'i taniodd â'r argyhoeddiad fod angen Beibl Cymraeg i sicrhau pregethu goleuedig. Meddai wrth y Cymry, "Mynnwch ddysg yn eich iaith" a "mynnwch yr Ysgrythur Lân yn eich iaith". A dyma'r ysgogiad i gyhoeddi *Kynniver llith a ban* (1551). Ynddo ceir cyfieithiad o 183 o lithiau'r *Llyfr Gweddi Gyffredin*. Gwir iddo fabwysiadu rhai dulliau anghyfarwydd wrth ysgrifennu'r Gymraeg ond nid oes amau cyfoeth ei ysgolheictod yn y cyfieithu. Yn fwy na dim, yr oedd wedi gwneud yr ymdrech Brotestannaidd gyntaf i gyfieithu rhannau o'r Beibl i'r Gymraeg.

Sefydlu'r Drefn Brotestannaidd

Esgynnodd Elisabeth i'r orsedd yn Nhachwedd 1558. Buan y daeth yn amlwg fod ei chydymdeimlad gyda'r Protestaniaid cymedrol. Trwy Ddeddf Unffurfiaeth Ebrill 1559 sefydlwyd Eglwys Loegr fel eglwys esgobol, Brotestannaidd, Saesneg ei hiaith a fersiwn 1552 y *Llyfr Gweddi Gyffredin*, gyda mân newidiadau, yn llawlyfr trefn ac addoli ynddi. Bellach daeth yn bosibl diwreiddio Pabyddiaeth a gosod yn yr esgobaethau wŷr a oedd mewn cydymdeimlad â pholisïau'r frenhines. Yng Nghymru yr unig esgob a oroesodd y cyfnewidiadau oedd Anthony

> Oni fynwch fynet yn waeth nag anifeilied (y rhai ni aned i ddeall fel dyn) mynnwch ddysg yn ych iaith: oni fynnwch fod yn fwy annaturiol na nasion o dan haul, hoffwch ych iaith ac ae hoffo. Oni fynndwch ymado yn dalgrwn deg a ffydd Crist, . . . mynnwch yr ysgrythur lan yn eich iaith, fel y bu hi gan eich dedwydd hynafiaid yr hen Frytanieid.

William Salesbury, *Oll Synnwyr Pen Kembro ygyd*, 1547.

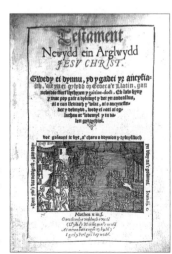

Blaenddalen Testament Newydd William Salesbury, 1567

Kitchin (1477–1563), Esgob Llandaf ers 1545. Diswyddwyd Henry Morgan o Dyddewi. Felly cafwyd dynion newydd yn y tair esgobaeth wag, Richard Davies (1501?–1581) yn Llanelwy, Thomas Young (1507–1568) yn Nhyddewi a Rowland Meyrick (1505–1566) ym Mangor.

Daliai Salesbury i ymgyrchu tros gael Beibl Cymraeg. Yn Ebrill 1563 llwyddodd ei gyfeillion, yr Esgob Richard Davies a Humphrey Llwyd o Ddinbych, i gael gan ddau Dŷ'r Senedd basio Deddf Cyfieithu'r Beibl a'r *Llyfr Gweddi Gyffredin* i'r Gymraeg. Ffrwyth hyn oedd cyhoeddi'r *Lliver gweddi gyffredin* ym 1567 a'r Testament Newydd Cymraeg yn Hydref 1567, gwaith Richard Davies, Thomas Huet a Salesbury. Rywfodd neu'i gilydd chwalodd y bartneriaeth rhwng yr esgob a Salesbury cyn mynd ymhellach. Yna, ym Medi 1588, cyhoeddwyd Y *Beibl Cyssegr-lan* o waith William Morgan (1545–1604), ficer Llanrhaeadr-ym-Mochnant ar y pryd. Yr oedd yn uchafbwynt gorchestol i waith y cwmni bach brwd a fynnai roi inni Feibl Cymraeg.

Golygai hyn gyfnewidiad pur ddramatig ym mholisi'r llywodraeth. Bellach yr oedd un o sefydliadau mwyaf dylanwadol yr oes, yr Eglwys Sefydledig, wedi ei chynysgaeddu yng Nghymru â pholisi dwyieithog. Ac o gofio agwedd ddilornus y Ddeddf Uno at yr iaith Gymraeg, yr oedd hwn yn wyriad annisgwyl ond tra arwyddocaol ar gyfer y dyfodol. Felly yr oedd y Diwygiad Protestannaidd yn ddechrau cyfnod newydd a chynhyrfus yn ein hanes.

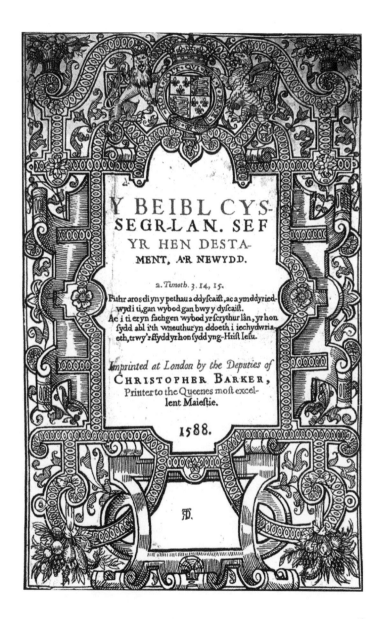

Blaenddalen Beibl
William Morgan, 1588

Darllen Pellach

R Geraint Gruffydd (gol.), *Y Gair ar Waith: Ysgrifau ar yr Etifeddiaeth Feiblaidd yng Nghymru* (Caerdydd: Gwasg Prifysgol Cymru, 1988).

Geraint H. Jenkins, *Hanes Cymru yn y Cyfnod Modern Cynnar, 1530–1760* (Caerdydd, Gwasg Prifysgol Cymru, 1983).

John Gwynfor Jones, *Crefydd a Chymdeithas: Astudiaethau ar Hanes y Ffydd Brotestannaidd yng Nghymru, c. 1559–1750* (Caerdydd: Gwasg Prifysgol Cymru, 2007).

R. Tudur Jones, *The Great Reformation* (Leicester: IVP, 1986).

R. Tudur Jones, *Cymru a'r Diwygiad Protestannaidd* (Y Colegiwm Cymraeg, 1987).

D. Densil Morgan, *Theologia Cambrensis: Protestant Theology and Religion in Wales, Volume 1: 1588–1760, from Reformation to Revival* (Cardiff: University of Wales Press, 2018), pennod 1.

James Pierce, *The Life and Work of William Salesbury, A Rare Scholar* (Tal-y-bont: Y Lolfa, 2016).

Isaac Thomas, *William Salesbury a'i Destament* (Caerdydd: Gwasg Prifysgol Cymru, 1967).

Eryn Mant White, *The Welsh Bible* (Stroud: Tempus, 2007), penodau 1 a 2.

Glanmor Williams, *Wales and the Reformation* (Cardiff: University of Wales Press, 1997).

Glanmor Williams, William Jacob, Nigel Yates a Frances Knight, *The Welsh Church from Reformation to Disestablishment, 1603–1920* (Cardiff: University of Wales Press, 2007), rhan 1, 1603–60.

Cwestiynau trafod

- Sut yr ydych yn cyfrif am gwymp Pabyddiaeth yng Nghymru?

- Amlinellwch nodweddion athrawiaethol Protestaniaeth o'i chyferbynu â Phabyddiaeth.

- Ceisiwch ddadansoddi dylanwad y Beibl ar fywyd a llenyddiaeth Cymru.

- Ar ba egwyddorion y sylfaenwyd Eglwys Loegr o dan y Frenhines Elisabeth?

YR EGLWYS GYFFREDINOL

1593 Dienyddio Henry Barrow, John Greenwood

1611 Beibl Saesneg

1633–45 Cyfnod William Laud (1573–1645) yn Archesgob Caergaint

1645–47 Cymanfa Westminster

1647 Catecism Mwyaf Catecism Lleiaf Cyffes Ffydd Westminster

1652–60 Cyfnod John Owen (1616–83) yn Isganghellor Prifysgol Rhydychen

1652 Datganiad Savoy

1662 Deddf Unffurfiaeth

1662–1689 Y Troi Allan ac Erledigaeth yr Anghydffurfwyr

Richard Baxter (1615–91)

1678 *Taith y Pererin* John Bunyan

1685 Erlid yr Hugenotiaid Ffrainc

CRISTNOGAETH CYMRU

Rhys Prichard (1579–1644)

1593 Dienyddio John Penry

1620 Beibl Richard Parry

Charles Edwards (1628–91), *Y Ffydd Ddi-Ffuant*

William Wroth (1576–1641)

Walter Cradoc (c.1610–59)

1653 *Llyfr y Tri Aderyn*, Morgan Llwyd (1619–59)

Vavasor Powell (1617–70)

John Miles (1621–83)

1639 Llanfaches – eglwys gynnull gyntaf

1649 Llanilltud (Ilston), Gŵyr – eglwys gyntaf fedyddiedig

1650 Deddf Taenu'r Efengyl

Richard Davies (1635–1708)

1657 George Fox yn ymweld â Chymru

1681 *Cannwyll y Cymry* – Stephen Hughes yn cyhoeddi gwaith Rhys Prichard

CYFFREDINOL

Rene Descartes (1596–1650)

Rembrant (1606–69)

1620 Tadau Pererin yn cychwyn am America

1621 *Gramadeg Cymraeg*, John Davies Mallwyd

1632 *Dictionary Duplex*, John Davies

1642–47 Y Rhyfel Cartref

1649 Torri pen Siarl I

1653–58 Oliver Cromwell yn Arglwydd Amddiffynydd

1660 Yr Adferiad – Siarl II

Matthew Henry (1662–1714)

1674 Thomas Gouge a'r Ymddiriedolaeth Gymreig

1689 William o Orange – Goddefiad

Y Piwritaniaid

Y Seren Fore

Y cyntaf o Biwritaniaid amlwg Cymru oedd John Penry (1563?–1593), mab Cefnbrith, Llangamarch. Cafodd ei addysg yng Nghaer-grawnt a Rhydychen. Erbyn gorffen ei gwrs yn y coleg, yr oedd wedi cofleidio egwyddorion y Piwritaniaid. Yr hyn a roes arbenigrwydd ar ei waith oedd ei bryder angerddol tros gyflwr ysbrydol Cymru. Cyhoeddodd ei olygiadau ar y pwnc mewn tri thraethawd, yr *Aequity* (1587), *An exhortation* (1588) a'r *Supplication* (1589). Mae'n llym iawn ar yr egsobion am beidio ag ymegnïo i sicrhau digonedd o bregethwyr Cymraeg yng Nghymru gan mai felly'n unig y gellid symud ofergoeliaeth a'r anwybodaeth am bethau'r Efengyl a oedd yn peryglu eneidiau miloedd o'r Cymry. Ochrai Penry gydag adain chwith y mudiad Piwritanaidd yn Lloegr a chymerodd ran mewn cyhoeddi'r gyfres traethodau dychanol a ymddangosodd o dan enw Martin Marprelate. Cynhyrfodd hyn lid yr awdurdodau a gorfu iddo ffoi i'r Alban. Yno cefnodd ar y safbwynt Presbyteraidd a goleddai cyn hynny, a phan ddychwelodd i Lundain yn niwedd 1592, ymunodd â'r Annibynwyr. Cafodd ei ddal a'i roi ar brawf. Fe'i cafwyd yn euog a chrogwyd ef ar 29 Mai 1953 yn St Thomas-a-Watering (nid nepell o Gapel Annibynwyr y Boro', Llundain). Er bod awgrymiadau iddo ymweld â Chymru yn ei flynyddoedd olaf, nid oes unrhyw brawf o hynny ac nid yw'r ffaith na chafodd unrhyw ddylanwad uniongyrchol ar Biwritaniaeth Cymru'n lleihau dim ar ei ddewrder personol na dyfnder ei ofal tros ei bobl.

Yr Arloeswyr

Gyda'i dröedigaeth tua 1626, daeth William Wroth (1576–1641) yn brif arloeswr y mudiad ar dir Cymru. Yr oedd Oliver Thomas (1598?–1652), awdur *Car-wr y Cymru* (1630), yntau trwy ei bregethu a'i lenydda'n hybu'r un egwyddorion. Felly hefyd Evan Roberts (bu farw 1650), a gysylltir â Llanbadarn-fawr ac a ymunodd â Thomas i gyhoeddi *Sail Crefydd Christnogol* ym 1640. Buasai Wroth yn rheithor Llanfaches, Gwent, am flynyddoedd cyn ei dröedigaeth ac ar ôl hynny daeth yn bregethwr dylanwadol, a phobl yn dod o bell i'w wrando. Am reswm sydd bellach yn anhysbys gwysiwyd ef o flaen yr Uchel Gomisiwn, y corff oedd yn arolygu ymddygiad yn yr Eglwys, ym 1635. Ymddengys iddo ymostwng i'r Llys ym 1638. Yr oedd eraill mewn trybini cyffelyb. Yr oedd William Erbury (1604–54) yn ficer Eglwys Fair, Caerdydd, a Walter Cradoc (1610?–59) yn gurad iddo. Daeth y ddau o dan sylw'r Archesgob William Laud am eu pregethu piwitanaidd a chollodd Cradoc ei drwydded a chilio i Wrecsam, lle cafodd ddylanwad eang a gorfod ffoi oherwydd y gwrthwynebiad i'w Biwritaniaeth. Yr oedd eraill hefyd wedi mabwysiadu'r un egwyddorion, dynion fel Morgan Llwyd (1619–59), John Miles (1621–83), Vavasor Powell (1617–70), Henry Walter (1611–78), Ambrose Mostyn (1610–83) a Marmaduke Matthews (1606–83?). Câi amryw o'r rheini loches groesawus yn Brampton Bryan, plas Syr Robert a Brilliana Harley. Ffrwyth y gweithgarwch hwn oedd sefydlu'r eglwys Annibynnol gyntaf yng Nghymru ym 1639 a hynny yn Llanfaches, o dan adain William Wroth gyda Walter Cradoc yn weinidog cyntaf iddi.

Rhyfel

Ym mis Awst 1642 dechreuodd y Rhyfel Cartref rhwng y brenin, Siarl I, a'i senedd. Brenhinwyr tanbaid oedd pobl Cymru a bu'n rhaid i bobl Llanfaches ffoi, yn gyntaf i Fryste ac wedyn i Lundain, gyda Cradoc yn gweinidogaethu iddynt. Gwŷr ar grwydr oedd arweinwyr

Cefn-brith, Llangamarch, cartref John Penry

Dyn ifanc tlawd ydwyf, wedi fy ngeni a'm magu ym mynyddoedd Cymru ... A minnau bellach yn mynd i orffen fy nyddiau cyn i mi ddod at hanner fy mlynyddoedd yn ôl trefn debygol natur, gadawaf lwyddiant fy llafur hwn i'r rheini o blith fy nghydwladwyr ag y bydd yr Arglwydd yn eu codi ar fy ôl er mwyn cyflawni'r gwaith hwnnw a ddechreuais i, sef galw fy ngwlad i wybodaeth o efengyl fendigedig Crist.

Geiriau John Penry ychydig cyn ei ddienyddio yn 1593

Am hynny, rwy'n rhybuddio pawb, ac yn gweiddi ar bawb. Na thybygwch fod drws trugaredd wedi ei gau yn eich erbyn tra fo anadl ynoch, ac ewyllys i ddychwelyd ... Tra fo'r adar yn canu, tra fo'r felin yn troi, tra fo'r gwynt yn chwythu ... cyn diffyg yr anadl, cyn cau porth y ddinas, cyn hedeg yr enaid, cyn torri o'r edau, cyn cwympo'r pren. Cyn caledu'r ewyllys. Cyn serio'r gydwybod, cyn diffodd y gannwyll. Cyn pasio'r farn, cyn i heddiw ddarfod. Cyn i'r munud yma fynd heibio. Dychwelwch O blant dynion. Pa hyd yr oedwch gymryd bywyd?

Morgan Llwyd, *Gweithiau I*, 193, 234.

Piwritaniaeth Cymru yn ystod y rhyfel: Vavasor Powell yn ficer Dartford, Caint, William Erbury yn gaplan yn y fyddin a Morgan Llwyd yn crwydro o fan i fan fel yr edrydd yn ei gân, "Hanes Rhyw Gymro". Ond daethant i ddigon o amlygrwydd i allu dylanwadu ar yr arweinwyr yn Lloegr a phan ddaeth y rhyfel i ben ym 1646, gorchmynnwyd Cradoc, Llwyd, Mostyn a Walter i ddychwelyd i Gymru i bregethu.

Taenu'r Efengyl

Gyda goruchafiaeth Oliver Cromwell cafwyd cefnogaeth y llywodraeth i sefydlu cynllun uchelgeisiol i drefnu pregethu trwy'r wlad. Pasiwyd Deddf Taenu'r

Efengyl yng Nghymru yn Chwefror 1650. Gosodwyd holl adnoddau'r Eglwys yng Nghymru o dan awdurdod comisiwn cryf o 70 o flaenwyr y Piwritaniaid. Rhoddwyd iddynt y gallu i ystyried addasrwydd y clerigwyr a diswyddo'r rhai ohonynt oedd yn annerbyniol. Eu cyfrifoldeb hwy hefyd oedd gosod rhai addas yn eu lle. I gynghori'r comisiynwyr penodwyd 25 o Gymeradwywyr, yn cynnwys blaenwyr y gweinidogion Piwritanaidd, gwŷr fel Walter Cradoc, Henry Walter, John Miles, Llwyd a Vavasor Powell. A gwedd arall ar waith y comisiynwyr oedd sefydlu ysgolion gramadeg ym mhob tref farchnad.

Yr oedd yn haws o lawer diswyddo

offeiriaid anaddas na darganfod rhai i gymryd eu lle. Yr oedd y rheini'n llawer rhy brin i'w gwneud yn bosibl i osod un ym mhob plwyf. Ar awgrym Vavasor Powell penderfynwyd trefnu pregethu teithiol gyda phob pregethwr yn gyfrifol am ardal eang, sir gyfan neu fwy. Nid oedd cynllun fel hyn yn cyfarfod â'r gofyn gan fod broydd cyfain na chlywsant y pregethwr a benodwyd i'w gwasanaethu, hyd yn oed un waith mewn blwyddyn. Ar ben hynny, yr oedd gwrthwynebiad ffyrnig o gyfeiriad y personiaid a ddiswyddwyd. Aethpwyd i gyhuddo'r Piwritaniaid o gamddefnyddio eu hawdurdod yn ogystal â'r arian a ymddiriedwyd iddynt. Dichon nad oedd llawer o sylwedd mewn cyhuddiadau fel hyn ond dioddefodd eu henw da trwy'r ymosodiadau a gyhoeddwyd mewn pamffledi ac o ganlyniad i'r deisebu yn erbyn y ddeddf. Yr oedd hi i gael ei hadnewyddu ym 1653 ond ni ddigwyddodd hynny. Er hyn i gyd bu'r tair blynedd yn gyfle i osod seiliau sawl eglwys Annibynnol a Bedyddiedig, fel Mynydd-bach, Abertawe; Capel Isaac, Llandeilo; Ilston; Mynydd Islwyn a Llangybi, Eifionydd.

Cynnen

Daeth hollt yn y mudiad wedyn. Siom fawr i Vavasor Powell a'i ffrindiau oedd gwaith Cromwell yn chwalu Senedd y Saint yn Rhagfyr 1653 a derbyn y teitl Arglwydd Amddiffynnydd. Senedd wedi ei henwebu gan yr eglwysi oedd honno ac yn ymateb i'r gred y byddai cael pobl dda o'r eglwysi'n sicrhau llywodraeth effeithiol. Ond yr oedd yn rhy radicalaidd gan Cromwell. Perthynai Powell i'r garfan a gredai fod Ailddyfodiad Crist ar fin digwydd ac y dylid paratoi ar gyfer hynny. Dyma Blaid y Bumed Frenhiniaeth. Yng ngolwg Powell yr oedd Cromwell, trwy gymryd ei benodi'n Arglwydd Amddiffynnydd, yn herio hawliau'r Brenin Iesu. Ciliodd i Gymru a chychwyn ymgyrch yn ei erbyn. Lluniwyd deiseb mewn protest ac fe'i cyflwynwyd yn Nhachwedd 1655 o dan y teitl 'Gair tros Dduw'. Trefnodd Cradoc ddeiseb o blaid Cromwell a chael llawer o wŷr mwyaf blaenllaw Cymru i'w llofnodi. Gwrthododd yr awdurdodau gymryd protest Powell o ddifrif ac ni ddaeth dim ohoni.

Y Profwyr

Yn wyneb dirymu Deddf y Taenu, gwnaethpwyd trefniant newydd, yn cynnwys Lloegr yn ogystal â Chymru, ar gyfer penodi gweinidogion. Penodwyd pwyllgor cryf a rhoddi awdurdod i hwnnw wneud y penodiadau. Dyma'r Profwyr. O dan y drefn hon penodwyd 226 i blwyfi Cymru. Yn eu plith, sefydlwyd Stephen Hughes ym Meidrim, David Jones yn Llandysilio, Penfro, Morgan Llwyd yn Wrecsam, Ambrose Mostyn yn Holt, Philip Henry yn Worthenbury, John Miles yn Ilston, Samuel Jones yn Llangynwyd, Walter Cradoc yn Llangwm, Gwent, a Charles Edwards yn Llanrhaeadr-ym-Mochnant – y cwbl ohonynt yn wŷr a wnaeth gyfraniad gloyw i fywyd crefyddol Cymru. Ond camgymeriad fyddai tybio fod pob un a benodwyd yn Biwritan pybyr.

Argyhoeddiadau

Gwŷr ar dân ac ar frys oedd y Piwritaniaid. Yr oeddent ar frys oherwydd y teimlad cryf yn eu plith fod hanes yn cyrraedd uchafbwynt dramatig ac, o bosibl, yn nesu at ei ddiwedd gydag Ailddyfodiad Crist. Ac hyd yn oed os nad oeddent yn rhannu'r argyhoeddiad hwn, yr oeddent yn unfarn fod bywyd yn fyr a miloedd yn wynebu colledigaeth oni phregethid yr Efengyl iddynt ar fyrder. Iddynt hwy pregethu oedd allwedd iachawdwriaeth. Ni flinai Cradoc ar bortreadu yn ei bregethau bywiog diriondeb Duw'n cymell ei drugaredd i bawb. Nid oes ond darnau o bregethau Llwyd wedi goroesi ond ni ellir amau nad ydym yn clywed acen ei bregethu yn rhai o'r darnau mwyaf angerddol yn *Llyfr y Tri Aderyn*. Ceir disgrifiadau o Vavasor Powell yn pregethu ac y mae'n amlwg oddi wrthynt ei fod yn bwrw ati â holl rym ei gorff yn ogystal â'i feddwl i gyfareddu ac argyhoeddi ei wrandawyr.

Ceir amrywiadau diddorol yn athrawiaeth Piwritaniaid Cymru. At ei gilydd Calfinyddion oeddent. Cymerai Vavasor safbwynt Calfinaidd pur anhyblyg. Yr oedd Cradoc yn nodedig am bregethu'n gartrefol, ac oherwydd ei bwyslais trwm ar raslonrwydd Duw a symlrwydd yr Efengyl ceir nodyn llawen digamsyniol ganddo. Gwyrai Morgan Llwyd oddi wrth y safbwynt Calfinaidd, gan gadw llawer o'i athrawiaethau nodweddiadol a chanolbwyntio ar yr un pryd ar waith Duw yn y galon a gwefr y profiad Cristionogol. Yr oedd Erbury yn ddeddf iddo'i hun. Credai ei fod yn byw o dan oruchwyliaeth yr Ysbryd Glân a dyma pam yr oedd yn feirniadol o bob trefniant eglwysig, pob esboniad llythrennol ar y Beibl a phob deddfoldeb. Yr oedd gan Llwyd ac Erbury gydymdeimlad â'r Crynwyr, a glynent hwythau'n ddi-gryn wrth y pwyslais ar arweiniad y Goleuni Mewnol.

Y Crynwyr

Y cyntaf o Grynwyr Cymru oedd John ap John (1625?–97), mab Pen-cefn, Rhiwabon. Perthynai ar y cychwyn i

George Fox, arweinydd y Crynwyr

gynulleidfa Morgan Llwyd yn Wrecsam ond yng Nghorffennaf 1653 anfonodd Llwyd ef i weld George Fox, arweinydd y Crynwyr, i gael rhagor o wybodaeth am ei olygiadau. Argyhoeddwyd John ap John gan Fox, cefnodd ar yr Annibynwyr a throi'n lladmerydd egnïol i'r Crynwyr. Teithiodd tros rannau helaeth o Gymru gan ennill cefnogwyr, ymhlith y rhai yr oedd Richard Davies (1635–1708), Cloddiau Cochion, Maldwyn, Charles Lloyd (bu farw 1698) a'i frawd Thomas (bu farw 1694), meibion Dolobran. Bu ymweliad George Fox ei hunan â Chymru ym 1657 yn hwb i'r mudiad. Dioddefodd y Crynwyr wrthwynebiad ffyrnig gan Vavasor Powell, John Miles ac eraill ond dalient i gynyddu, yn arbennig ym Meirion a Maldwyn, yn ogystal ag mewn mannau yn y De. Trwy ddygnwch a phenderfyniad yr arweinwyr, gosodwyd seiliau safadwy ar gyfer y cynnydd mwy sylweddol a oedd i ddigwydd yn y cyfnod ar ôl yr Adferiad.

Y Rhod yn troi

Gyda marw Oliver Cromwell ar 3 Medi 1658 dechreuodd y mudiad Piwritanaidd ymddatod fel grym gwleidyddol. Aeth olynwyr Cromwell i ymrafael â'i gilydd a buan y tyfodd yr argyhoeddiad mai dychweliad y brenin yn unig a allai atal anhrefn llwyr. Dienyddiwyd Siarl I ym 1649 ac felly ei fab, Siarl II, oedd y brenin erbyn hyn. Dychwelodd i'w deyrnas ym Mai 1660. Rhagymadrodd oedd hynny i adferiad yr hen drefn eglwysig. Mynnai'r Anglicaniaid a ddiswyddwyd o'u plwyfi a safleoedd eraill gael eu lleoedd yn ôl. Ac yr oedd hynny'n golygu diswyddo'r Piwritaniaid a benodwyd yn eu lle. Ac yn y senedd y cafaliriaid oedd yn y cyfrwy. Ni allai'r Piwritaniaid obeithio am lawer o drugaredd ganddynt.

Pasiwyd Deddf Unffurfiaeth newydd ym Mai 1662. *Y Llyfr Gweddi Gyffredin* oedd y safon bellach. Rhaid i bawb a ddaliai swydd yn yr Eglwys ddatgan ei gydsyniad calonnog â'i gynnwys erbyn Dydd Gŵyl Sant Bartholomeus 1662 a rhaid i bawb na allai wneud hynny ymadael. Felly dyma ysgubo'r Piwritaniaid olaf o'r Eglwys. Diswyddwyd 130 ohonynt yng Nghymru rhwng Mai 1660 a 24 Awst 1662. O hyn allan cyfarfodydd anghyfreithlon fyddai rhai'r Annibynwyr, y Bedyddwyr, y Presbyteriaid a'r Crynwyr.

Yn ddiweddarach pasiwyd cyfres o ddeddfau i wahardd eu cyfarfodydd ac i ysgaru'r gweinidogion oddi wrth eu cynulleidfaoedd. Dyma felly dechrau Ymneilltuaeth fodern yng ngwir ystyr y gair. Ond yr oedd yr arloeswyr wedi gwneud eu gwaith yn dda. Yr oedd ffydd gadarn a dygnwch ysbryd gan y cynulleidfaoedd a ffurfiwyd ganddynt. Parhaodd yr erlid tan 1689 ond ni lwyddodd i ddiwreiddio'r Ymneilltuwyr o'r tir. Yr oeddent i barhau ac i gynyddu.

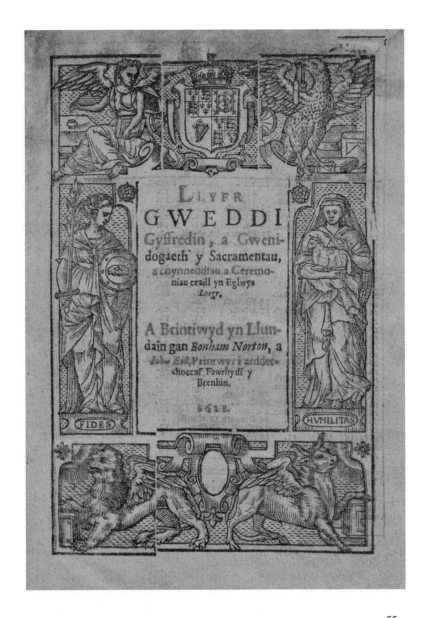

Blaenddalen y Llyfr
Gweddi Gyffredin,
1621

Darllen Pellach

Noel Gibbard, *Elusen i'r Enaid: Arweiniad i Weithiau'r Piwritaniaid Cymreig, 1630–89* (Pen-y-bont ar Ogwr: Gwasg Efengylaidd Cymru, 1976).

Geraint H. Jenkins, *Hanes Cymru yn y Cyfnod Modern Cynnar, 1530–1760* (Caerdydd, Gwasg Prifysgol Cymru, 1983), pennod 10.

Geraint H. Jenkins, *Protestant Dissenters in Wales, 1639–89* (Cardiff: University of Wales Press, 1992).

John Gwynfor Jones, 'Cefndir y Troi Allan', *Diwinyddiaeth*, LIV (2013).

John Gwynfor Jones, *Crefydd, Cenedlgarwch a'r Wladwriaeth: John Penry a Phiwritaniaeth Gynnar* (Caerdydd: Gwasg Prifysgol Cymru, 2014).

R. Tudur Jones, *Hanes Annibynwyr Cymru* (Abertawe: Gwasg John Penry, 1966), penodau 1–3.

R. Tudur Jones, *Vavasor Powell* (Abertawe: Gwasg John Penry, 1971).

D. Densil Morgan, *Theologia Cambrensis: Protestant Theology and Religion in Wales, Volume 1: 1588–1760, from Reformation to Revival* (Cardiff: University of Wales Press, 2018), pennod 2.

G. F. Nuttall, *The Welsh Saints, 1640–1660* (Cardiff: University of Wales Press, 1957).

M. Wynn Thomas, *Morgan Llwyd, ei Gyfeillion a'i Gyfnod* (Caerdydd: Gwasg Prifysgol Cymru, 1992).

Eryn Mant White, 'Y Troi Allan', *Diwinyddiaeth*, LIV (2013).

Cwestiynau trafod

- Pam oedd y Piwritaniaid yn feirniadol o Eglwys Loegr?
- Beth oedd cyfraniad arbennig Morgan Llwyd i'r mudiad?
- Faint o egwyddorion y Piwritaniaid sy'n aros heddiw?
- Awgrymwch resymau i esbonio methiant y mudiad Piwritanaidd erbyn 1660. Beth oedd maint y methiant hwnnw?

YR EGLWYS GYFFREDINOL	CRISTNOGAETH CYMRU	CYFFREDINOL
Isaac Watts (1674–1748)	Griffith Jones, Llanddowror (1684–1761)	J. S. Bach (1685–1750)
1698 Sefydlu SPCK	Daniel Rowland (1713–90)	Voltaire (1694–1778)
Jonathan Edwards (1703–58)	Howel Harris (1714–73)	**18fed ganrif** Morysiaid Môn
	Morgan Rhys (1716–79)	**1703** *Gweledigaethau'r Bardd Cwsg*, Ellis Wynne
John Wesley (1703–91)	William Williams, Pantycelyn (1717–1791)	**1707** Uno Lloegr a'r Alban
George Whitfield (1714–70)	Peter Williams (1723–96)	**1716** *Drych y Prifoesoedd*, Theophilus Evans
	1731–32 Ysgolion Cylchynnol	Goronwy Owen (1723–69)
Count Niklaus Ludwig von Zinzendorf (1700–60)	**1735** Tröedigaeth Howell Harris a Daniel Rowland	Immanuel Kant (1724–1804)
	1742 Sasiwn Watford	
	1750–62 Rhwyg rhwng Harris a Rowland a Williams	**1740au** Chwyldro Diwydiannol Gwaith Dur Merthyr
1722 Y Morafiaid yn sefydlu cymuned eglwys yn Herrenhut	**1752** Teulu Trefeca	
	Thomas Charles (1755–1814)	Iolo Morgannwg (1747–1827)
1792 Sefydlu Cymdeithas Genhadol y Bedyddwyr (BMS)	Thomas Jones o Ddinbych (1756–1820)	W A Mozart (1756–91)
	1751–72 Cyhoeddodd Williams ei emynau **1756** *Golwg ar Deyrnas Crist* **1764** *Theomemphus*	Beethoven (1770–1827)
1795 Sefydlu'r London Missionary Society (LMS)	**1770** Beibl Peter Williams	**1789** Chwyldro Ffrengig

Y Diwygiad Efengylaidd

Mewn llawer ffordd, gellir ystyried cyfnod y Diwygiad Efengylaidd fel yr amser pan welwyd yr had a heuwyd gan y Piwritaniaid yn egino, yn tyfu ac yn aeddfedu i'r cynhaeaf. Er enghraifft, yr oedd y Methodistiaid yn dra dyledus i ddiwinyddiaeth y Piwritaniaid, fel y cydnebydd Williams, Pantycelyn, wrth gyfeirio ato'i hun yn ei lythyr olaf at Thomas Charles. Yn ychwanegol at hyn, yr oedd gwaith Piwritaniaid fel Stephen Hughes yn cyhoeddi llyfrau duwiol wedi parhau'n ddi-dor i'r ddeunawfed ganrif. Yr un modd yr oedd y sêl tros addysg a ddangoswyd gan Thomas Gouge a'r Ymddiriedolaeth Gymreig wedi dal i gynnau yn ysgolion cylchynol yr S.P.C.K. a Griffith Jones, Llanddowror. Golygai hyn fod braenaru helaeth wedi bod ar y tir cyn i Howel Harris ddechrau ar ei waith.

Ac eto yr oedd rhywbeth yn eisiau. Yn nechrau'r ddeunawfed ganrif yr oedd anfoesoldeb yn rhemp a'r bywyd cymdeithasol yn arw. Ymhlith y deallusion, yr oedd anghrediniaeth ar gynnydd a Christionogaeth ei hunan yn destun gwawd. Nid oedd pethau'n dda yn yr Eglwys Anglicanaidd. Er bod offeiriaid da ac ymroddgar i'w cael, yr oedd llawer yn fydol ac yn ddi-hid o'u dyletswyddau bugeiliol. Aeth yr eglwysi Ymneilltuol yn fewnblyg ac yr oedd eu haelodaeth yn lleihau. Pan ddywedai Williams, Pantycelyn, yn ei farwnad ar ôl Harris, fod Cymru'n "gorwedd mewn rhyw dywyll, farwol hun", nid gwadu fod gwaith da'n cael ei wneud yr oedd ond mynegi'r argyhoeddiad fod angen rhywbeth mwy nag ysgolion niferus a llyfrau da os oedd Cristionogaeth i flodeuo o ddifrif yng Nghymru. Yr hyn oedd ei angen, i ddyfynnu Williams eto, oedd "nerth oddi uchod", sef dylanwad grymus yr Ysbryd Glân i fywiocáu'r eglwysi a gwneud y gweinidogion yn awyddus i efengylu. A dyma a gafwyd yn y Diwygiad Efengylaidd.

Howel Harris (1714-73)

Blaenffrwyth y Diwygiad Efengylaidd oedd Howel Harris, mab Howell a Susanah Harris, Trefeca-fach, Talgarth. Cafodd ei addysg yn Academi Llwyn-llwyd a mynd ymlaen i weithio fel ysgolfeistr yn Llan-gors a Llangasty. Ym 1735, rhwng y Pasg a'r Sulgwyn, aeth trwy argyfwng ysbrydol mawr a gyrhaeddodd ei uchafbwynt yn ei dröedigaeth. Meddiannwyd ef gan awydd angerddol i rannu ei fywyd newydd ag eraill a dechreuodd fynd o dŷ i dŷ yng nghymdogaeth ei gartref i "gynghori", hynny yw, i'w goleuo am eu

*Howel Harris a
Daniel Rowland*

cyflwr a'u hangen am iachawdwriaeth. O'r gweithgarwch hwn y tyfodd ei seiadau. Er i ficer Talgarth, Pryce Davies, ei rybuddio ei fod yn troseddu yn erbyn rheolau'r Eglwys, gwrthododd roi'r gwaith heibio. Lledodd ei ddylanwad a lluosogodd y seiadau. Uchelgais Harris oedd cael ei ordeinio ond oherwydd ei anufudd-dod i rybudd y ficer methiant fu ei gais i'r esgob ym 1736 ac ar ôl hynny. Arhosodd yn lleygwr ar hyd ei oes.

Daniel Rowland (1713–90)

Digwyddodd rhywbeth tebyg yn sir Aberteifi. Yr oedd Daniel Rowland yn fab i Daniel a Janet Rowland. Yr oedd y tad yn berson plwyfi Nantgwnlle a Llangeitho.

Tybir i'r Diwygiwr gael ei addysg yn Ysgol Ramadeg Henffordd. Cafodd ei ordeinio'n ddiacon ym 1734 ac yn offeiriad ym 1735. A 1735 hefyd oedd y flwyddyn pan gafodd dröedigaeth wrth wrando ar Griffith Jones, Llanddowror, yn pregethu. Curad i'w frawd John, ac wedi hynny i'w fab ei hun, oedd Daniel Rowland nes iddo gael ei ddiswyddo ym 1763. O ganlyniad i'w dröedigaeth, trawsnewidiwyd ei bregethu. Parodd gryn gyffro trwy ei lymder yn lachio pechodau ei wrandawyr. Cafodd gyngor gan Phylip Pugh (1679–1760), gweinidog Annibynwyr Cilgwyn a'r cylch, i bwysleisio gras yn ogystal â'r ddeddf. Dilynodd y cyngor a dechreuodd ei yrfa fel un o bregethwyr mwyaf grymus ac atyniadol ei genhedlaeth. Er mwyn cynorthwyo ei blwyfolion yn eu

Pantycelyn, Llanfair-ar-y-bryn, cartref William Williams

tyfiant ysbrydol, dechreuodd gynnal cyfarfodydd defosiynol yn Llangeitho a dyma ail wreiddyn y seiadau. Buan y daeth Llangeitho'n ganolfan i bererinion o bob rhan o Gymru, pobl a'i cyfrifai hi'n fraint cael clywed Rowland yn pregethu ac yn gweinyddu'r Cymun.

William Williams, Pantycelyn (1717-91)

Yn wahanol i Harris a Rowland, cefndir Ymneilltuol oedd gan Williams. Yr oedd yn fab i John a Dorothy Willliams a chafodd ei eni yn Cefn-coed, Llanfair-ar-

y-bryn, sir Gaerfyrddin. Yr oedd ei dad yn henuriad athrawiaethol yn eglwys Annibynnol Cefnarthen. Cafodd ei addysg yn Academi Llwyn-llwyd a phan oedd yn fyfyriwr yno clywodd Harris yn pregethu ym mynwent eglwys Talgarth ac yn y fynwent honno y cafodd dröedigaeth – "gwŷs oddi uchod", chwedl yntau. Troes yn Eglwyswr a chafodd ei ordeinio yn ddiacon ym 1740. Bu'n gurad i Theophilus Evans (1697–1767), yr hanesydd a'r llenor, yn Llanwrtyd o 1740-3. Oherwydd ei Fethodistiaeth, gwrthododd yr esgob ei ordeinio'n offeiriad ac ni ddaliodd Williams swydd eglwysig wedyn. Ar ôl iddo briodi Mary Francis o Lansawel, tua

1748, aeth i fyw i Bantycelyn, hen gartref ei fam. Ymfwriodd i'r mudiad Methodistaidd a dod gyda Rowland a Harris yn un o'i brif arweinyddion. Ond yn fwy na dim yn ei lyfrau ef, yn anad unman arall, y gallwn ni ymglywed heddiw â naws ac ysbryd y Diwygiad Efengylaidd.

Trefnu

I Harris a Rowland, mudiad Anglicanaidd oedd Methodistiaeth. Ond ni fynnai'r esgobion roi sêl eu bendith arno a thrwy hynny collasant y cyfle i roi eu ffurf gymeradwy eu hunain arno. O ganlyniad datblygodd yn ôl dymuniad ei arweinwyr. Ac yn Harris cafwyd dyn penderfynol a fynnai gadw disgyblaeth gadarn arno. Wrth i'r mudiad gynyddu, lluosogai'r seiadau ar draws y wlad a'r rheini'n galw am eu bugeilio gan na fynnai'r offeiriaid plwyf wneud dim â hwy. Teithiai'r arweinwyr o gwmpas yn barhaus yn eu goruchwylio ac er mwyn i'r rheini gydymgynghori penderfynodd Harris a Rowland ffurfio'r Gymdeithasfa a gyfarfu gyntaf yn Ionawr 1742 yn Dugoedydd, Cil-y-cwm. Yr un flwyddyn cytunwyd ar ganllawiau i'r seiadau yn y llyfryn, *Sail, Dibenion, a Rheolau'r Societies neu'r Cyfarfodydd Neilltuol...* Yn hwnnw eglurwyd pa gyfiawnhad Beiblaidd oedd tros gynnal cyfarfodydd o'r fath ac esboniwyd mai "canu mawl a gweddïo" ac "agoryd ein calonnau i'n gilydd" oedd i ddigwydd ynddynt. Mae'r aelodau i ddatguddio'n onest eu pechodau, i gydnabod daioni a gogoniant Duw, i siarad yn ddiweniaith â'i gilydd ac i gymryd eu ceryddu os digwydd iddynt droseddu. Manylir ar y math cwestiynau y dylid eu gofyn er mwyn darganfod ansawdd profiadau'r aelodau. Yr oedd penderfynu pwy oedd i arwain y seiadau a phwy oedd i deithio oddi amgylch i "gynghori" yn llwyr yn nwylo'r Gymdeithasfa. Ac felly y lluniwyd trefniadaeth glos a oedd cyn bo hir, gyda chynnydd y mudiad, i greu rhywbeth tebyg iawn i enwad.

Rhwyg

Rhoddai trefniadaeth fel hon gyfle i ddyn cryf ymarfer meistrolaeth tros y mudiad. A chan fod Harris yn ŵr felly, a'i law ar y seiadau'n trymhau gyda threiglad amser, yr oedd gwrthryfel yn anorfod. Dyma un o'r pethau a rwygodd y mudiad. Pan gyfarfu Rowland, Howell Davies, (1716?–70), Penfro, a Williams, Pantycelyn, a'u dilynwyr yn Llanidloes mewn Cymdeithasfa ar 4 Gorffennaf

1750, penderfynwyd torri pob cysylltiad â Harris. Yr oedd achosion eraill tros y rhwyg hefyd, fel anghydweld athrawiaethol rhwng Harris a Rowland a chred Harris fod Madam Sydney Griffith yn broffwydes. Bellach ciliodd Harris o'r maes a chanolbwyntio ar sefydlu cymuned gymdeithasol a chrefyddol yn ei gartref yn Nhrefeca. Symudodd pobl o lawer rhan o Gymru i fyw yn Nhrefeca ei hun neu yn y ffermydd oddi amgylch er mwyn mwynhau gweinidogaeth Harris. Yn y cyfamser dilynodd y mwyafrif Rowland a Williams. Yr oedd Rowland cyn bo hir yn gweld colli Harris a cheisiodd gyfannu'r rhwyg. Nid hawdd oedd dwyn perswâd ar Harris ond wrth weld y cynnwrf diwygiadol yn Llangeitho a mannau eraill ym 1763 cytunodd fod yr amser wedi dod i gymodi a chynhaliwyd y Gymdeithasfa unedig gyntaf yn Nhrefeca ar 18 Mai 1763.

Pregethu

Pan drown i roi sylw i nodweddion y Diwygiad, rhaid rhoi'r lle anrhydeddus i bregethu. Clywyd pregethu huawdl, teimladol, miniog ac apelgar gan Biwritaniaid fel William Wroth, Walter Cradoc, Vavasor Powell a Stephen Hughes. Ond ar ôl hynny, gostyngodd yr angerdd a chafwyd pregethu mwy rhyddieithol, mwy deallusol, llai teimladol. Gyda'r Diwygiad Efengylaidd dychwelodd yr hen wefr. Daeth pregethu'n fwy angerddol, yn anelu'n uniongyrchol at gau pobl ym mwlch yr argyhoeddiad, yn llai ffurfiol ei arddull. Un o nodweddion amlwg pregethwyr y cyfnod hwn oedd mai crwydriaid oeddent, yn gwneud y rhan fwyaf o'u pregethau yn y caeau neu ar y strydoedd neu mewn mannau cyhoeddus eraill yn hytrach nag mewn eglwysi a chapel. Cario'r genadwri i'r cyhoedd anghrediniol oedd yr amcan. Effeithiai hyn yn drwm ar arddull a chynnwys y pregethu. Yr oedd yn rhaid siarad o'r frest. Rhaid crynhoi'r genadwri a rhoi min arni cyn symud ymlaen. A rhaid oedd canolbwyntio ar ddal sylw'r werin, digon gelyniaethus ac anghwrtais yn aml, a oedd yn gwrando. Argyhoeddi yn hytrach nag addysgu oedd y nod a dyna a wnaeth y pregethu hwn yn beth mor gynhyrfus.

Canu

Y mae i William Williams, Pantycelyn, le unigryw yn hanes yr emyn Cymraeg. Cyfansoddodd 893 o emynau Cymraeg a 123 o emynau Saesneg – 1,016 i gyd. Ym mis Medi 1744 cyhoeddodd *Aleluja*, *neu Casglad o Hymnau ar amryw Ystyrjaethau* a chyn diwedd ei oes cyhoeddwyd 34 o lyfrynnau yn cynnwys emynau ganddo. Mae'r emynau'n cwmpasu holl gyfoeth y bywyd Cristionogol yn ei bryder a'i orfoledd, yn ei ofnau a'i sicrwydd, ei anawsterau a'i lwyddiannau, yr union bwnc y canodd mor dreiddgar amdano yn *Theomemphus*. Y maent yn cyffwrdd â phob gwedd ar yr athrawiaethau Beiblaidd ond y maent yn nodedig oherwydd y canolbwyntio diflino ar Iesu Grist. Yn wir, dyna'r thema a ysbrydolodd ei emynau mwyaf cofiadwy, fel yr ysbrydolodd ei gân fawr *Golwg ar Deyrnas Crist*. Nid oes ail iddo am fynegi mawredd, gogoniant, cariad, gras a dioddefaint y Gwaredwr. Ac o safbwynt llenyddol, gallai fynegi ei hunan mewn cwpledi a phenillion nodedig am eu cryfder, eu heneiniad a'u prydferthwch.

Ac emynau i'w canu oeddent, wrth gwrs. Bu cyhoeddi cyfrol gyntaf *Caniadau y rhai sydd ar y Môr o Wydr* ym 1763 yn foddion i gynnau diwygiad cynhyrfus yn Llangeitho a mannau eraill. Beirniadol oedd Howel Harris o'r canu ond llwyr orchfygwyd ei ragfarn wrth weld yr effeithiau daionus a ddeuai yn ei sgil.

A rhan fechan o gynnrych Williams oedd yr emynau. Yn ystod ei oes cyhoeddodd 88 o deitlau. Ef o ddigon oedd llenor mwyaf y Diwygiad.

O llefara' addfwyn Iesu,
  mae dy eiriau fel y gwin,
oll yn dwyn i mewn dangnefedd
  ag sydd o anfeidrol rin;
mae holl leisiau'r greadigaeth,
  holl ddeniadau cnawd a byd,
wrth dy lais hyfrytaf, tawel
  yn distewi a mynd yn fud.

Ni all holl hyfrydwch natur,
  a'i melystra penna' i maes,
fyth gymharu â lleferydd
  hyfryd, pur, maddeuol ras;
gad im glywed swn dy eiriau,
  awdurdodol eiriau'r nef,
oddi mewn yn creu hyfrydwch
  nad oes mo'i gyffelyb ef.

Dwed dy fod yn eiddo imi,
  mewn llythrennau eglur, clir;
tor amheuaeth sych, digysur,
  tywyll, dyrys, cyn bo hir;
'rwy'n hiraethu am gael clywed
  un o eiriau pur y ne',
nes bod ofon du a thristwch
  yn tragwyddol golli eu lle.

**William Williams,
Pantycelyn (1717-1791)**

Ffydd yn y Galon

Pwyslais mwyaf nodweddiadol y Diwygiad oedd fod yn rhaid profi'n bersonol waith yr Ysbryd Glân yn y galon. Yr Ysbryd, fe gredai'r Diwygwyr, sy'n cymhwyso gwaith achubol Crist at bersonoliaeth dyn. Felly, fe gawn Williams yn mynnu (fel Morgan Llwyd o'i flaen) nad digon crefydd pen neu grefydd weddus. Williams oedd y diwethaf i ddirmygu'r athrawiaeth ond Crist yn y galon sy'n goleuo'r deall ac yn trawsnewid bywyd dyn a'i wneud yn etifedd iachawdwriaeth. A diben y seiadau, fel yr esboniodd Williams yn *Drws y Society Profiad*, oedd diogelu, amddiffyn, grymuso a chyfoethogi ysbrydoledd y dychweledigion. Ac o'r profiad hwn, o'r uno ysbrydol â Christ, yr oedd gorfoledd ac egni'n tarddu. Yma yr oedd cyfrinach gwefr y Diwygiad.

Dyma'r boreu, fyth mi gofia,
  Clywais innau lais y nef;
Daliwyd fi wrth wŷs oddi uchod
  Gan ei sŵn dychrynllyd ef;
Dyma'r fan, trwy byw mi gofiaf,
  Gwelais i di gynta erioed,
O flaen porth yr Eglwys eang,
  Heb un twmpath dan dy droed.

William Williams, Pantycelyn yn canu am ei brofiad o ddod i argyhoeddiad wrth wrando ar Howell Harris yn pregethu yn Nhalgarth yn 1738.

William Williams, Pantycelyn

Darllen Pellach

Eifion Evans, *Daniel Rowland and the Great Evangelical Awakening in Wales* (Edinburgh: Banner of Truth, 1985).

David Ceri Jones, *'A Glorious Work in the World': Welsh Methodism and the International Methodist Revival 1735–50* (Cardiff: University of Wales Press, 2004).

David Ceri Jones, Boyd Schlenther ac Eryn Mant White, *The Elect Methodists: Calvinistic Methodism in England and Wales, 1735–1811* (Cardiff: University of Wales Press, 2012).

Derec Llwyd Morgan, *Y Diwygiad Mawr* (Llandysul: Gwasg Gomer, 1978).

Derec Llwyd Morgan, *Pobl Pantycelyn* (Llandysul: Gwasg Gomer, 1986).

G. F. Nuttall, *Howell Harris, The Last Enthusiast* (Cardiff: University of Wales Press, 1965).

Gomer M. Roberts, *Portread o Ddiwygiwr* (Caernarfon: Gwasg y Methodistiaid Calfinaidd, 1969).

Gomer M. Roberts (gol.), *Hanes Methodistiaeth Galfinaidd Cymru, Cyfrol I, Y Diwygiad Mawr* (Caernarfon: Gwasg y Methodistiaid Calfinaidd, 1974).

Geraint Tudur, *Howell Harris: From Conversion to Separation, 1714–52* (Cardiff: University of Wales Press, 1998).

Eryn Mant White, *Praidd Bach y Bugail Mawr: Seiadau Methodistaidd De-Orllewin Cymru* (Llandysul: Gwasg Gomer, 1995).

Cwestiynau trafod

- Beth oedd arbenigrwydd cyfraniad Howel Harris i'r Diwygiad?

- Rhoddai'r Methodistiaid bwyslais trwm ar "brofiad". Beth oedd nodweddion y "profiad" hwnnw?

- Rhestrwch yr emynau o eiddo Williams Pantycelyn sy'n apelio fwyaf atoch ac awgrymwch beth ynddynt sy'n eu gwneud yn atyniadol.

- Ym mha ffyrdd y dylanwadodd y Diwygiad Efengylaidd ar (a) addoli a (b) moesau.

YR EGLWYS GYFFREDINOL	CRISTNOGAETH CYMRU	CYFFREDINOL
	George Lewis (1763–1822), *Y Drych Ysgrythurol* 1796	Hegel (1770–1831)
1785 Sefydlu Ysgol Sul		
	John Elias (1774–1841)	**1815** Brwydr Waterloo
William Wilberforce (1759–1833)	Ann Griffiths (1776–1805)	
		Karl Marx (1818–83)
1804 Sefydlu Cymdeithas y Beibl	Christmas Evans (1766–1838)	
	Williams o'r Wern (1781–1840)	David Livingstone (1813–73)
Edward Williams (1750–1813), prifathro Academi Rotherham, 1795–1813: "Tad y Galfiniaeth Newydd".	John Jones, Talsarn (1761–1822)	
	Henry Rees (1798–1869)	**1814** *Seren Gomer*
		Joseph Harris (1773–1825)
1828 Diddymu deddfau gormesol ar Ymneilltuwyr	**1800** Dechrau Wesleaeth Cymru	
1829 Goddefiad i Babyddion	**1805–11** *Geiriadur Charles*	**1826** Pont y Borth – Telford
1832 Cefnogwyr Toriaid yn malu ffenestri capel Pendref, Caernarfon	**1811** Ordeinio yn y Bala a Llandeilo – Methodistiaid Calfinaidd.	**1832** Diddymu Caethwasanaeth
	1823 Cyffes Ffydd Methodistiaid Calfinaidd	
1833 Mudiad Rhydychen	**1827** Corffori Methodistiaid yn enwad	**1839** Siartwyr yng Nghasnewydd
1836 Cymdeithas Dileu'r Dreth Eglwys	**1800–30** Dadleuon Diwinyddol	
1837 Annibynwyr yn galw am Ddatgysylltiad	Cylchgronau Crefyddol yn dechrau: **1802–9** *Trysorfa Ysbrydol*	**1839** Helynt Beca
	1809 *Yr Eurgrawn* **1821** *Dysgedydd*	
1865 Sefydlu Byddin yr Iachawdwriaeth	**1835** *Yr Haul* **1845** *Y Traethodydd*	**1845–49** Newyn yn Iwerddon
1886 Rhyfel y Degwm		
	Lewis Edwards (1809–87)	**1850'au** Diwydiant Glo yn dechrau yn y Rhondda

Medi
Cynhaeaf y
Diwygiad

Egni Cenhadol

Erbyn tua 1775 yr oedd dylanwad y Diwygiad Efengylaidd yn dechrau effeithio'n drwm ar yr eglwysi Ymneilltuol. Er nad oeddent yn ddibris o'u hen etifeddiaeth, daeth egni newydd i'w pregethu, eu haddoli a'u gweithgareddau eglwysig a chymdeithasol. Dyna'r Bedyddwyr, er enghraifft, o dan arweiniad Thomas Llewelyn (1720?–83) a David Evans (1740–90), Dolau, Maesyfed, yn sefydlu'r Genhadaeth i'r Gogledd ym 1776. A chyfranogodd Bedyddwyr Cymru hefyd o'r gobeithion mawr a ddilynodd sefydlu Cymdeithas Genhadol Bedyddwyr Prydain ym 1792. A phan sefydlwyd Cymdeithas Genhadol Llundain ym 1795 yr oedd yn arwyddocaol ei bod hi'n cael cefnogaeth frwd Annibynwyr, Methodistiaid Calfinaidd ac Eglwyswyr Efengylaidd. Bellach yr oedd Cristionogion Cymru'n dysgu edrych ar y byd fel eu plwyf.

Y Patrwm Enwadol

Bu llwyddiant Edward Jones (1778–1837) yn ffurfio seiad Wesleaidd yn Rhuthun yn Ionawr 1800 yn sbardun i Dr Thomas Coke (1747–1814) berswadio Cynhadledd y Wesleaid i sefydlu cenhadaeth yng

Nghymru. Dyna a wnaethpwyd ar 6 Awst 1800 pan enwodd y Gynhadledd Owen Davies (1752–1830) a John Hughes (1776–1843) yn genhadon cyntaf. Bu llwyddiant cyflym ar y gwaith ac erbyn 1810 yr oedd tua 400 o seiadau wedi eu ffurfio yn cynnwys 5,700 o aelodau yn cyfarfod mewn 92 o gapeli ac yn cael eu gwasanaethu gan 49 o bregethwyr. Dyna ddechrau Wesleaeth Cymru.

Ymhlith y Bedyddwyr gwelwyd adwaith yn erbyn y dylanwadau Efengylaidd. Daeth John Richard Jones (1765–1822), Ramoth, Meirionnydd, o dan ddylanwad syniadau'r Sgotyn, Archibald McLean (1733–1812). Yr oedd hwnnw'n galw am fynd yn ôl at symlrwydd y Testament Newydd, gan bwysleisio ochr ddeallusol ffydd, gweinyddu'r Cymun bob Sul a chynyddu nifer yr henuriaid yn yr eglwysi. Mewn cyfarfod tymhestlog yn Ramoth yn niwedd 1798, cyhoeddodd J. R. Jones ei fod yn torri ei gysylltiad â'r hen Fedyddwyr. A dyna gychwyn y Bedyddwyr Albanaidd. Erbyn 1801 yr oedd ganddynt saith eglwys.

Ymhlith Bedyddwyr y De ceid gwrthwynebiad o fath gwahanol i'r dylanwad Efengylaidd a'i Galfinyddiaeth. Ffrwyth yr anghydfod oedd penderfyniad Cymanfa Salem, Meidrim, ym Mehefin 1799 i wrthod cymdeithas â'r sawl na

Nifer achosion y prif enwadau anghydffurfiol yn 1830

	Annibynwyr	Bedyddwyr	Methodistiaid Calfinaidd	Methodistiaid Wesleaidd
Sir Fôn	20	26	38	17
Sir Gaernarfon	38	27	43	37
Sir Ddinbych	24	32	21	44
Sir Fflint	18	8	16	29
Sir Feirionnydd	28	8	37	25
Sir Drefaldwyn	42	22	35	48
Sir Aberteifi	31	13	48	24
Sir Faesyfed	8	12	1	7
Sir Benfro	41	33	43	32
Sir Gaerfyrddin	65	44	48	15
Sir Frycheiniog	27	18	25	11
Sir Forgannwg	71	34	36	44
Sir Fynwy	30	42	13	32
Cymru gyfan	443	319	404	365

Ffynhonnell: Beriah Gwynfe Evans, Diwygwyr Cymru, 1900.

allai roi "cyffes eglur o'i feddyliau am athrawiaethau crefydd". Felly, o dan arweiniad Dr William Richards o Lynn (1749–1818), ciliodd rhyw ddwsin o eglwysi ac amryw byd o unigolion i ffurfio Cyfundeb y Bedyddwyr Cyffredinol yn y De.

O safbwynt ystadegaeth a dylanwad, y datblygiad mwyaf arwyddocaol oedd gwaith y Methodistiaid Calfinaidd yn torri'r cysylltiad olaf â'r Eglwys Sefydledig. Digwyddodd hynny pan ordeiniwyd naw pregethwr o'r Gogledd yn Y Bala, 19–20 Mehefin 1811, a thri ar ddeg o'r De yn Llandeilo ar 7–8 Awst 1811.

Pregethu

Yr oedd y cyfnod hwn yn nodedig am ei bregethu. Gellid llunio rhestr faith o bregethwyr grymus ond y mae enwau rhai'n amlycach na'i gilydd. Cynrychiolai David Davies (1763–1816) benllanw'r dylanwad Methodistaidd ar bregethu'r Annibynwyr, tra oedd William Williams o'r Wern (1781–1840), gyda'i arddull dawel ond gyfareddol, yn cynrychioli traddodiad hŷn. Yn Christmas Evans (1766–1838), hedegog ei ddychymyg, gwelir fel yr oedd egni dramatig y pregethu Efengylaidd yn treiddio i bulpud y Bedyddwyr. Cyrhaeddodd huodledd y Methodistiaid uchafbwynt newydd ym mhregethu Robert Roberts (1762–1802), Clynnog, John Elias (1774–1841), John Jones (1761–1822), Edern ac Ebenezer Morris (1769–1825), Tŵr-gwyn. Gwyddai'r gwŷr hyn beth oedd pregethu i dyrfaoedd enfawr a dengys hynny un o nodweddion amlycaf eu dawn – eu gallu i gyfareddu gwerin gymharol ddiaddysg a hynny heb lastwreiddio na darostwng urddas y genadwri.

Sefydliadau

Erbyn hyn yr oedd y drefniadaeth enwadol, sydd mewn bodolaeth o

Thomas Charles o'r Bala

hyd, yn cael ei chadarnhau. Yr oedd y Bedyddwyr a'r Annibynwyr yn cymedroli eu cynulleidfaoliaeth trwy ffurfio cyfarfodydd chwarter a chymanfaoedd neu trwy ymestyn awdurdod y rhai oedd eisoes mewn bodolaeth. Ond ymddangosodd sefydliadau eraill hefyd. Y mwyaf dylanwadol ohonynt oedd yr Ysgol Sul. Dechreuodd hi o gwmpas 1785 ac ennill cefnogaeth frwd y Methodistiaid. Araf ar y cyntaf oedd yr Annibynwyr a'r Bedyddwyr i'w chofleidio ond ni fuont yn hir cyn sylweddoli ei mantais fel cyfrwng addysg. Lledodd tros Gymru a dod yn hynod boblogaidd. Erbyn 1846, a chymryd eglwysi Cymru o bob enwad, yr oedd ar gael 2,664 o Ysgolion Sul, gyda 296,194 yn eu mynychu, 19,591 o'r rhain yn athrawon.

Sefydliad arall a enillodd gefnogaeth gynnes oedd Y Gymdeithas Feiblau Frutanaidd a Thramor a sefydlwyd, yn bennaf ar anogaeth Thomas Charles, ym 1804. Yr angen enbyd am ragor o Feiblau yng Nghymru a barodd iddo awgrymu ei sefydlu a'r peth cyntaf a gyhoeddwyd ganddi oedd y Beibl Cymraeg, gyda Charles yn olygydd iddo.

Cyfnodolion

Un o ganlyniadau'r Diwygiad Efengylaidd a'i bwyslais ar y Beibl, yn ogystal â chynnydd yr Ysgol Sul, oedd creu miloedd o ddarllenwyr newydd. Yr oedd angen mawr paratoi defnyddiau ar eu cyfer. Daethpwyd i sylweddoli gwerth y cyfnodolyn. Yr oedd yn rhad ac o fewn cyrraedd y gweithiwr cyffredin a'i gyflog bychan. Ar yr un pryd gallai fod yn foddion i gyfuno addysgu â difyrru. Ym 1799 dechreuodd Thomas Charles a Thomas Jones (1756–1820) Dinbych, gyhoeddi *Trysorfa Ysbrydol*. Bu bwlch rhwng 1802 a 1809 a bwlch wedyn rhwng 1813 a 1831 cyn iddo ymddangos yn rheolaidd a di-fwlch. Yr oedd yr enwadau i gyd yn sylweddoli gwerth cylchgronau fel moddion i esbonio a chymeradwyo eu hegwyddorion neilltuol. Ymddangosodd yr *Eurgrawn Wesleyaidd* ym 1809; *Dysgedydd* yr Annibynwyr ym 1821. Ym 1835 daeth *Yr Haul* Anglicanaidd i fod. A llu o gylchgronau eraill i wasanaethu'r cyhoedd crefyddol. Prin y mae hi'n bosibl cael darlun cyflawn o fywyd yr eglwysi yn y ganrif ddiwethaf heb ymgydnabod â'r doreth cylchgronau a gyhoeddwyd.

Personau

Un o ysgolheigion mwyaf dysgedig y genhedlaeth hon oedd Dr. George Lewis (1763–1822). Ganwyd ef yn ardal Tre-lech. Cafodd ei addysg yn ysgolion John Griffiths (1731–1811), Glandŵr, a David Davis (1745–1827), Castell Hywel, ac wedi hynny yn Academi Caerfyrddin. Bu'n weinidog yng Nghaernarfon (1784–94), a Llanuwchllyn (1794–1812). Daeth yn bennaeth yr Academi ym 1812, yn gyntaf yn Wrecsam (1812–15), wedyn Llanfyllin (1815–21) ac yn olaf yn y Drenewydd (1821–2). Cyhoeddodd ei "gorff o ddiwinyddiaeth", *Drych Ysgrythyrol*, ym 1796 gan ddangos ynddo feddwl trefnus a meistrolaeth tros ei bwnc. Cyhoeddwyd cyfrol gyntaf *Esponiad ar y Testament*

Newydd ym 1802 a dilynodd tair arall ym 1807, 1810 a 1815. Golygwyd y tair cyfrol a guddiai'r maes o Effesiaid i ddiwedd y Testament gan ei fab, George, ac Edward Davies (1796–1857), ei fab-yng-nghyfraith. Yr oedd yn gaffaeliad mawr i ddeiliaid newydd yr Ysgol Sul gan mor drylwyr yr oedd yn esbonio'r testun. A gwaith swmpus oedd tair cyfrol y Bedyddiwr, John Jenkins (1779–1853), Hengoed, *Esponiad ar y Bibl Sanctaidd*, a gyhoeddwyd ym 1823, 1828 a 1832. Yr oedd y ddau awdur yn Galfinyddion cadarn ond mae'n drawiadol fod Jenkins yn arddel Diwinyddiaeth y Cyfamodau (fel yr oedd Thomas Charles), ffurf ar Galfinyddiaeth nad oedd Lewis mewn cydymdeimlad â hi.

Er pwysiced y ddau hyn, yr oedd dylanwad Thomas Charles yn lletach o dipyn. Ef oedd prif arweinydd y Methodistiaid ar ôl marw Williams, Pantycelyn, a Rowland. Cafodd ei eni, 4 Hydref 1755, yn Llanfihangel Abercywyn, sir Gaerfyrddin, i deulu digon cyfforddus eu byd. Bu yn Academi Caerfyrddin o 1769 hyd 1775 a thra yno, ym 1773, cafodd dröedigaeth wrth wrando ar Daniel Rowland yn pregethu. Bu yng Ngholeg Iesu, Rhydychen, o 1775 hyd 1778. Ar ôl cael ei ordeinio bu'n gurad yng Ngwlad yr Hâf tan 1783. Priododd â Sally Jones, Y Bala, 20 Awst 1783, a'r Bala fu ei gartref weddill ei oes. Ar wahân i'w waith fel pregethwr, arweinydd y Methodistiaid, trefnydd Ysgolion Sul, hyrwyddwr Cymdeithas y Beibl a golygydd ei hargraffiad o'r Beibl, yr oedd yn awdur prysur. Ym 1807 cyhoeddodd ei Hyfforddwr. Daeth yn rhyfeddol boblogaidd fel cyfrwng cateceisio ac erbyn diwedd y ganrif cyhoeddasid o leiaf 85 argraffiad ohono. Magwyd degau o filoedd o blant a phobl ifainc ar ei gynnwys. Os oedd pobl i ddarllen eu Beiblau'n ddeallus yr oedd angen arweiniad arnynt. Dyma a'i cymhellodd i gyhoeddi'r *Geiriadur Ysgrythurol*. Ymddangosodd y rhan gyntaf ym 1805 a'r rhan olaf ym 1811. Ynddo gwelir yn eglur hyd a lled ysgolheictod cyfoethog yr awdur yn ogystal â'i allu i ysgrifennu'n glir a diddorol. Yr oedd yn gampwaith a gadwodd ei boblogrwydd hyd ddiwedd y ganrif.

Yr Athrawiaeth

Bu ymddangosiad y Wesleaid yn foddion i gyffroi dadlau ynghylch eu safbwynt diwinyddol. Daeth John Bryan (1770–1856) ac Owen Davies (1752–1830) i'r maes i'w hamddiffyn yn erbyn ymosodiadau rhai fel Christmas Evans, Thomas Jones, Dinbych, a Benjamin Jones (1756–1823), Pwllheli. Ac yr oedd Arminyddiaeth y Wesleyaid yn foddion i beri i'r Calfinyddion ystyried cymedroli peth ar eu safbwynt hwythau.

Y gŵr a geisiodd lunio llwybr canol rhwng eithafon y ddwy ysgol oedd y Cymro, Edward Williams (1750–1813). Bu ef yn athro yn Academi Croesoswallt, 1782–91, a Rotherham o 1795 hyd ei farw. Yr enw a roddodd ar ei gyfundrefn oedd "Calfiniaeth Fodern", er mai "Y Sistem Newydd" oedd yr enw arferol arni yng Nghymru. Ceisiai bwysleisio sofraniaeth Duw ac ar yr un pryd ddadlau tros gyfrifoldeb pechaduriaid i ymateb i'r Efengyl. Prif ladmerydd ei safbwynt yng Nghymru oedd John Roberts (1767–1834), gweinidog Annibynwyr Llanbryn-mair. Yn *Galwad Ddifrifol* (1820) ceir erthyglau gan ei gefnogwyr, dynion fel Williams o'r Wern, David Morgan, Machynlleth, a Michael Jones, Llanuwchllyn. Ac ymhlith y Bedyddwyr y prif amddiffynnydd oedd J. P. Davies (1786–1832). Amddiffynnwr Calfinyddiaeth bur yn y ddadl oedd Thomas Jones, Dinbych. Ond yr oedd y ddadl yn cynhyrfu'r eglwysi a throes yn chwerw mewn llawer man.

Mi wn fod fy Mhrynwr yn fyw,
  A'm prynodd â thaliad mor ddrud;
Fe saif ar y ddaear, gwir yw,
  Yn niwedd holl oesoedd y byd:
Er ised, er gwaeled fy ngwedd,
  Teyrnasu mae 'Mhrynwr a'm Brawd;
Ac er fy malurio'n y bedd
  Ca'i weled ef eto'n fy nghnawd.

Wel, arno bo 'ngolwg bob dydd,
  A'i daliad anfeidrol o werth;
Gwir awdur, perffeithydd ein ffydd,
  Fe'm cynnal ar lwybrau blin serth:
Fy enaid, ymestyn ymlaen,
  Na orffwys nes cyrraedd y tir,
Y Ganaan dragwyddol ei chân,
  Y Saboth hyfrydol yn wir.

Thomas Jones o Ddinbych

Radicaliaeth

Blynyddoedd caled i dlodion oedd y rheini ar ôl diwedd y rhyfeloedd â Ffrainc ac ni allai'r arweinwyr crefyddol lai na chydymdeimlo â'u haelodau a cheisio gwell amgylchiadau iddynt. Yr oedd rhai Cymry wedi dangos cydymdeimlad ag egwyddorion y Chwyldro Ffrengig – dynion fel Richard Price (1723–91), David Williams (1738–1816), David Davies (bu farw 1807) Treffynnon, John Jones, (1766–1821), Glan-y-gors, a Thomas Roberts (1765/6–1841), Llwyn'rhudol. Ond ym mlynyddoedd argyfyngus y rhyfel cyngor arweinwyr yr eglwysi i gyd oedd bod yn llonydd.

Gyda chyhoeddi *Seren Gomer* gan Joseph Harris (1773–1825) yn 1814, gwelwn ddechrau'r newid. Daw'r ysbryd rhyddfrydig yn amlycach gyda threiglad amser yng ngwaith Caledfryn (William Williams, 1801–69), Roger Edwards (1811–86), David Rees (1801–69) a'u tebyg ac erbyn canol y ganrif yr oedd yr eglwysi Ymneilltuol yn barod i gofleidio'r radicaliaeth honno y daethpwyd i'w galw'n Rhyddfrydiaeth.

Y Newid

Gwelodd y cyfnod hwn drawsnewid syfrdanol yn nifer, maint a dylanwad yr eglwysi. Erbyn 1850 yr oeddent yn un o'r grymusterau mawr ym mywyd y genedl.

Rhifyn cyntaf 'Seren Gomer' yn 1814

Darllen Pellach

T. M. Bassett, *Bedyddwyr Cymru* (Abertawe: Gwasg Ilston,1977), tt. 149–213.

E. Lewis Evans, *Cymru a'r Gymdeithas Genhadol* (Abertawe: Undeb yr Annibynwyr Cymraeg, 1945).

Huw John Hughes, *Coleg y Werin: Hanes yr Ysgol Sul yng Nghymru, 1780–1851* (Chwilog: Cyhoeddiadau'r Gair, 2013).

D. E. Jenkins, *The Life of Thomas Charles of Bala*, tair cyfrol (Denbigh: Llewelyn Jenkins, 1908–10).

Euros W. Jones, 'John Calfin: Agweddau ar ei Ddylanwad ar Gymru', *Cylchgrawn Hanes y Methodistiaid Calfinaidd*, 33 (2012).

Idwal Jones (gol), *Hunangofiant Thomas Jones o Ddinbych* (Aberystwyth: Gwasg Aberystwyth, 1937).

R. Tudur Jones, *Hanes Annibynwyr Cymru* (Abertawe: Gwasg John Penry, 1966), penodau 8 a 9.

R. Tudur Jones, *Duw a Diwylliant: Y Ddadl Fawr, 1800–1830* (Caerdydd: Amgueddfa Werin Cymru, 1986).

D. Densil Morgan, *Christmas Evans a'r Ymneilltuaeth Newydd* (Llandysul: Gwasg Gomer, 1991).

D. Densil Morgan (gol.), *Thomas Charles o'r Bala* (Caerdydd; Gwasg Prifysgol Cymru, 2014).

Gomer M. Roberts, *Hanes Methodistiaeth Galfinaidd Cymru, Cyfrol II, Cynnydd y Corff* (Caernarfon: Gwasg y Methodistiaid Calfinaidd, 1978).

Glanmor Williams, William Jacob, Nigel Yates a Frances Knight, *The Welsh Church from Reformation to Disestablishment, 1603–1920* (Cardiff: University of Wales Press, 2007), rhan 3, 1780–1850.

Cwestiynau trafod

- Pa gyfnewidiadau a ddigwyddodd dan ddylanwad y Diwygiad?

- Beth yw pwysigrwydd efengylu a chenhadu ym mywyd yr Eglwys?

- Sut oedd y dadleuon diwinyddol yn bwysig?

- Sut y byddech chwi'n prisio cyfraniad yr Ysgol Sul?

YR EGLWYS GYFFREDINOL	CRISTNOGAETH CYMRU	CYFFREDINOL
F D Schleiermacher (1768–1834), tad Rhyddfrydiaeth Ddiwinyddol	**1840** Sefydlu Cymdeithas Genhadol y Methodistiaid Calfinaidd	**1832** Sefydlu'r Mudiad Dirwest
Charles Finney (1792–1875), Efengylwr	**1858–60** Diwygiad Humphrey Jones a Dafydd Morgan	**1847** "Brad y Llyfrau Gleision"
Charles Hodge (1797–1878), Princeton	**1860** Agor Coleg Coffa Aberhonddu	**1857** *Origin of the Species*, Charles Darwin
1850 Dechrau yr "Holiness Movement" yn America	**1868** Sefydlu Undeb Bedyddwyr Cymru	**1857** Thomas Gee (1815–98), sefydlu'r *Faner*
1860 *Essays and Reviews* yn cynnwys ymosodiad ar awdurdod y Beibl	**1872** Sefydlu Undeb yr Annibynwyr Cymraeg	**1861** *Y Gwyddoniadur Cymreig* gol. John Parry
D L Moody (1837–99)	Henry Richard (1812–88), yr 'Apostol Heddwch'	**1865** Sefydlu'r Wladfa
Karl Barth (1886–1968)	Ieuan Gwynedd (1820–52), addysgwr	**1868** Etholiad Cyffredinol, 21 Rhyddfrydwr Cymreig
1870 Cyngor y Fatican I – datganwyd anffaeledigewydd y Pab	Ieuan Gwyllt (1822–77), cerddor	**1870** Deddf Addysg – alltudio'r Gymraeg
1871 Datgorffori Eglwys Esgobol Iwerddon	Samuel Roberts (1800–85)	**1871** Sefydlu Prifysgol Cymru
1881 Argraffiad Diwygedig y Beibl Saesneg (R.V.)	Gwilym Hiraethog (1802–83)	**1914–18** Rhyfel Byd I
1910 Cynhadledd Caeredin, Cyngor Cenhadaeth Fydeang	Michael D Jones (1822–98)	**1920** Cynghrair y Cenhedloedd
William Temple (1881–1944), Archesgob Caergaint	**1904–05** Diwygiad Evan Roberts	**1929–45** Rhyfel Byd II
	David Adams (1845–22)	
	1922 Datgorffori Eglwys Esgobol Cymru	
	1926 *Geiriadur Beiblaidd* gol. Thomas Rees	

O Ddiwygiad i Ddiwygiad

Diwygiad 1858-60

Un o nodweddion ail hanner oes Victoria yng Nghymru oedd cymryd yn ganiataol fod deffroadau ysbrydol cynhyrfus yn rhan naturiol o'r profiad Cristionogol. Ni ellir gwneud cyfiawnder â hanes Cristionogaeth yng Nghymru fodern heb gymryd hyn i ystyriaeth. Yr ydym yn awr am edrych ar y cyfnod sy'n gorwedd rhwng Diwygiad 1859 a Diwygiad 1904–5. Dechreuodd Diwygiad 1859 yn Efrog Newydd a lledodd i Ogledd Iwerddon. Y cyswllt rhwng y digwyddiadau yn America a Chymru oedd Humphrey R. Jones (1832–95), mab Gwarcwm Bach, Llancynfelyn. Ymddangosodd fel diwygiwr yn America ym 1856. Dychwelodd i Gymru ym 1858 a'i bregethu yn Ystumtuen o 14 Awst 1858 ymlaen a ddug y Diwygiad i sylw cyffredinol. Yn Hydref ymunodd David Morgan (1814–83) ag ef a than arweiniad y ddau dechreuodd y Diwygiad ledu. Byr iawn fu tymor gwasanaeth Humphrey Jones. Erbyn Mehefin 1859 fe'i lloriwyd gan wendid meddyliol a chiliodd o'r gwaith. Daliodd Morgan i deithio ledled Cymru ac ysgubodd y Diwygiad tros y wlad gydag effeithiau tra chynhyrfus. Parhaodd gwres y Diwygiad ar hyd 1860 ac mewn rhai mannau hyd 1861. Nid fflach mewn padell mohono. Bu iddo ganlyniadau arhosol ac ymunodd tua 100,000 o ddychweledigion â'r eglwysi ac o'r rheini cymharol ychydig a droes yn wrthgilwyr.

Y Dadeni Cerddorol

Bu gwelliant graddol yn ansawdd canu cynulleidfaol yn ystod y ganrif ac erbyn ei chanol ceid canu o safon uchel mewn lleoedd fel Merthyr, Llanidloes, Bethesda ac Aberystwyth. Ond yr hyn a ysbrydolodd y dadeni mawr ar ôl 1860 oedd cyhoeddi detholion o alawon y meistri cerdd clasurol gan Thomas Williams (Hafrenydd, 1807–94) yn ei lyfr *Ceinion Cerddoriaeth* (1852). Y tri mwyaf dylanwadol yn y dadeni oedd John Roberts (Ieuan Gwyllt, 1822–77), Edward Stephen (Tanymarian, 1822–85) a John Ambrose Lloyd (1815–74). Yr oedd ganddynt gyfraniad triphlyg – cyfansoddi, coethi chwaeth a dysgu disgyblaeth. Ym 1855 y cyhoeddodd Tanymarian ei oratorio *Ystorm Tiberias* ac ym 1859 gwnaed ef yn olygydd *Cerddor y Cysegr*. Bu Ieuan Gwyllt yn ddiwyd yn darlithio ar gerddoriaeth ond pwysicach oedd ei waith yn cefnogi ffurfio undebau canu. Ef oedd yn arwain y Gymanfa Ganu gyntaf erioed yng nghyfarfod yr Undeb Canu Cynulleidfaol

Yr emyn dôn Blaen-wern wedi ei gosod mewn Tonic Solffa.

yn y Neuadd Ddirwestol, Aberdâr, 4 Ebrill 1859. A deuai'r tonau o'i *Lyfr Tonau Cynulleidfaol* a gyhoeddwyd yn gynharach y flwyddyn honno. Gwnaeth John Ambrose Lloyd ei gyfraniad pennaf fel cyfansoddwr ac erys "Teyrnasoedd y Ddaear" a thonau fel "Wyddgrug", "Henryd" ac "Eifionydd" yn ffefrynnau o hyd. Bu gwaith y rhain yn foddion i ysbrydoli eraill, fel D. Emlyn Evans (1843–1913), J. D. Jones (1827–70), M. O. Jones (1841–1908), D. W. Lewis (1845–1920) a Joseph Parry (1841–1903).

Caffaeliad mawr i helpu plant i ddysgu darllen cerddoriaeth yn ifanc oedd cyfundrefn y Tonic Solffa a ddyfeisiwyd gan John Curwen (1816–80) ym 1853 ond a boblogeiddiwyd yng Nghymru gan Eleazer Roberts (1825–1912). Cyhoeddodd ef *Llawlyfr i ddysgu y Tonic Solffa* ym 1861. Buan y daeth dysgu'r "modulator" yn rhan arferol o hyfforddiant plant yn y capeli. Rhwng popeth daeth gloywder, yn ogystal a gwefr, i ganu'r eglwysi o ganlyniad i'r Dadeni Cerddorol.

Gwleidyddiaeth

Yn ystod Diwygiad 1859 digwyddodd
Etholiad Cyffredinol. Dyma pryd y
dechreuodd yr ymyriad Ymneilltuol
yn y brwydrau seneddol. Ym Meirion
etholwyd W. W. E. Wynne, Peniarth, ond
cosbwyd 19 o denantiaid stad Rhiwlas
am wrthod pleidleisio iddo. Cawsant
eu troi o'u ffermydd. Ei wrthwynebydd
oedd David Williams, Castell Deudraeth.
Pan ddaeth Etholiad Cyffredinol 1868
anfonodd Cymru 21 o Ryddfrydwyr a
dim ond 12 Tori i'r Senedd. Ymhlith y
Rhydfrydwyr yr oedd Henry Richard
(1812–88), y lladmerydd effeithiol cyntaf
yn y Senedd tros iawnderau Ymneilltuol a
materion Cymreig, yn ogystal â heddwch
cydwladol. A chafodd Ymneilltuaeth lais
gwleidyddol yn y wasg pan sefydlodd
Thomas Gee (1815–98) *Y Faner* ym 1857
a'i chyfuno â'r *Amserau* ym 1859. O hyn
ymlaen daeth Ymneilltuwyr i deimlo mai
dim ond ymgyrchu gwleidyddol a allai
sicrhau iddynt eu hiawnderau. A'r cyfrwng
oedd y Blaid Ryddfrydol. O ganlyniad,
yr oedd yr eglwysi'n dwysáu'r rhaniad
gwleidyddol a'r rhaniad gwleidyddol yn
dyfnhau'r bwlch rhwng yr eglwysi. Yr
oedd hyn oherwydd mai'r Ceidwadwyr
a gefnogid gan yr Eglwys yng Nghymru.
Yn y naw-degau dechreuodd y patrwm

newid. Yn araf bach cryfhaodd y mudiad
Llafur ymhlith y gweithwyr, nid yn unig
trwy'r undebau llafur, ond hefyd trwy'r
Blaid Lafur Annibynnol a ffurfiwyd ym
1893. Ernes o'r hyn oedd i ddod oedd
buddugoliaeth ei hymgeisydd, Keir
Hardie, ym Merthyr ym 1900. Cyn bo
hir byddai Llafur yn herio blaenoriaeth y
Rhyddfrydwyr ac yn tanseilio ffyddlondeb
Ymneilltuwyr iddi. Ac, ar yr un pryd, codai
gwestiynau pigog i'r Eglwys yng Nghymru
oherwydd ei hymlyniad hithau wrth y
Blaid Ceidwadol.

*Cofgolofn Henry Richard
sydd i'w gweld yn
Nhregaron heddiw*

Meysydd Brwydro

Bu tri phwnc yn achos dadlau brwd yn y cyfnod dan sylw a phob un ohonynt yn tarfu ar fywyd yr eglwysi ac ar y berthynas rhyngddynt.

1. Datgysylltiad

Dyma'r pwnc a oedd yn effeithio drymaf ar yr eglwysi. Oherwydd eu pwyslais ar yr eglwys fel cynulliad gwirfoddol o dan arglwyddiaeth Crist, ni allai Ymneilltuwyr ddygymod â'r briodas rhwng Eglwys Loegr a'r wladwriaeth. Rhaid felly oedd eu hysgaru oddi wrth ei gilydd. Ond nid mater o egwyddor ysbrydol yn unig oedd yn y fantol. Teimlai'r Ymneilltuwyr fel dinasyddion isradd. Nid yn unig yr oedd y personiaid plwyf yn mwynhau blaenoriaeth gymdeithasol ond yr oedd teimladau chwyrn yn codi ynglŷn â hawl gweinidogion i gladdu eu haelodau ym mynwentydd y plwyf, talu'r degwm, a chapelwyr yn colli'r cyfle am swyddi oherwydd eu capelyddiaeth. Dechreuodd y frwydr o ddifrif ym 1844 gyda ffurfio Cymdeithas Rhyddhad Crefydd (fel y daethpwyd i'w galw). Bu datgysylltu Eglwys Iwerddon ym 1869 yn sbardun i'r Cymry alw am ddatgysylltiad yma.

Gwnaeth Watkin Williams, A.S. Dinbych, gynnig aflwyddiannus yn y Senedd ym 1870 i ddatgysylltu'r Eglwys yng Nghymru. Bu ymgyrchu dygn yn yr wyth-degau gyda'r uchafbwynt yng nghynnig Lewis Llewellyn Dillwyn, 9 Mawrth 1886, yn Nhŷ'r Cyffredin. Daeth o fewn 12 pleidlais i gario'r dydd. Bellach yr oedd Datgysylltiad yng Nghymru'n bwnc gwleidyddol na ellid ei anwybyddu. Bu cynigion pellach i'r un perwyl ym 1889, 1891 a 1892 a dau fesur, un ym 1894 a'r ail ym 1895. Ond ni lwyddwyd i gario'r maen i'r wal tan 1914. Ond bu'r holl daeru yn achos chwerwder mawr.

2. Addysg

Ofnai Ymneilltuwyr ymyriad y wladwriaeth mewn addysg am eu bod yn credu mai ffrwyth hynny fyddai defnyddio'r ysgolion fel cyfryngau cenhadol gan Eglwys Loegr. Dyna pam yr oedd gwŷr fel Ieuan Gwynedd (1820–52) yn credu na ddylai'r wladwriaeth fusnesu mewn addysg ac y dylai'r holl gyfundrefn fod yn wirfoddol. Yr anhawster oedd tlodi Ymneilltuwyr Cymru. Ni allent fforddio cynnal cyfundrefn addysg genedlaethol. Felly, o dan arweiniad pobl fel Syr Hugh Owen (1804–81), bu cymrodedd a chytunwyd i dderbyn grantiau llywodraeth. Ond yn sgîl hynny cododd yr alwad am i'r gyfundrefn fod yn anenwadol. Yn wir, cefnogai dynion fel S. R. (1800–85) a'i frawd J. R. (1804–84), safiad Henry Richard yn y Senedd o blaid addysg gwbl seciwlar. Ond nid oedd yr Anglicaniaid yn fodlon ildio eu hysgolion hwy a drefnwyd o dan nawdd y Gymdeithas Genedlaethol. Trwy Ddeddf Addysg 1870 trefnwyd y "System Ddeuol" gyda'r ysgolion Anglicanaidd yn parhau a'r Ymneilltuwyr yn cael ysgolion o dan reolaeth byrddau etholedig yn cyfrannu addysg grefyddol anenwadol. Y peth a oedd yn chwithig oedd na chymerwyd sylw difrifol o'r ffaith fod deddf 1870 yn alltudio'r Gymraeg yn llwyr o'r ysgolion, a bu mewn alltudiaeth o 1870 tan 1890, ac ergyd ddifrifol oedd honno i'r iaith.

3. Pwnc y Tir

Bywyd caled oedd bywyd cefn gwlad yng Nghymru trwy'r ganrif a gwelwyd ymfudo ar raddfa enfawr o'r ardaloedd gwledig, gan wanychu llu o eglwysi. Yr oedd S. R. yn *Cilhaul Uchaf* a Gwilym Hiraethog yn "Llythyrau Hen Ffarmwr" wedi rhoi cyhoeddusrwydd i'r cyni. Bu'r landlordiaid yn syndod o ffôl a dideimlad

tuag at eu tenantiaid. A chan eu bod hwy hefyd yn noddi Eglwys Loegr, yr oedd lliw crefyddol ar yr ymgyrchu ar fater y tir. O 1883 ymlaen bu protestio egnïol yn erbyn gorfod talu'r degwm ac ym 1886 ffrwydrodd cynddaredd y ffermwyr yn "Rhyfel y Degwm" yn Nyffryn Clwyd pan geisiasant rwystro atafaelu eiddo ffermwyr a oedd yn gwrthod talu'r degwm. Aeth yn daro rhyngddynt a'r heddlu, a bu cynyrfiadau cyffelyb ym mwyafrif siroedd Cymru. O'r diwedd, ym 1891, pasiwyd deddf mai'r landlordiaid ac nid y tenantiaid a oedd i dalu'r degwm. Ond yr oedd y cyni'n parhau ac ym 1893, ar gynnig T. E. Ellis (1859–99), codwyd Comisiwn Brenhinol i astudio'r holl fater a chafwyd adroddiad swmpus ym 1896. Ond parhau yr oedd yr anawsterau a pharhau hefyd yr oedd yr ymfudo cyson.

Yr Ymwybod Cenedlaethol

Un o'r pethau mwyaf trawiadol yn Oes Victoria oedd cynnydd yr ymwybod ymhlith y Cymry eu bod yn genedl, ymwybod a oedd wedi marweiddio o dan ganrifoedd o lywodraeth estron. Yr oedd yn dechrau cryfhau yn gynnar yn y ganrif gyda'r cylchgronau'n cyfrannu ato. Ganol y ganrif rhoddwyd ffurf fwy pendant arno trwy waith pobl fel Gwilym Hiraethog, Ieuan Gwynedd a Chymdeithas Clerigwyr Cymraeg Sir Gaerefrog. Bu Michael D. Jones (1822–98) a'i ymdrech i sefydlu Gwladfa Gymreig yn yr Ariannin, heb sôn am ei ysgrifennu diorffwys am flynyddoedd ar ôl hynny, yn foddion i gyfoethogi syniad y Cymry am oblygiadau eu cenedligrwydd. A thrwy'r wythdegau grymusai'r ymwybod a chyfoethogwyd ef ymhellach gan waith gwŷr fel Emrys ap Iwan (1851–1906) ac O. M. Edwards (1853–1920). Un mynegiant gwrthrychol ohono oedd creu sefydliadau fel Prifysgol Cymru, Y Llyfrgell Genedlaethol a'r Amgueddfa. Ac wrth gwrs yr oedd yr eglwysi'n gwneud cyfraniad sylweddol at y datblygiad hwn trwy roi lle mor amlwg i'r iaith Gymraeg yn eu gweithgareddau.

Syniadau

Rhwng 1850 a 1900 bu arweinwyr meddwl Cymru'n ymdrechu'n galed i ddod i delerau â syniadau newydd a oedd yn corddi diwinyddiaeth Ewrob. Gwnaeth Lewis Edwards (1809–87) gyfraniad sylweddol yn hyn o beth. Daliai gafael Calfinyddiaeth yn gryf ar yr eglwysi ond yr oedd Arminyddiaeth y Wesleyaid yn ennill tir ac o 1870 ymlaen yn prysur ddisodli Calfinyddiaeth. Yn yr Eglwys yng Nghymru yr oedd yr hen safbwynt Efengylaidd yn ildio i ddylanwad Mudiad Rhydychen. Ond yr oedd amheuon ar gynnydd hefyd. Achosai twf beirniadaeth Feiblaidd bryder,

William Rees (Gwilym Hiraethog), sefydlydd 'Yr Amserau'

er cael ei chymeradwyo mewn ffurf gymedrol gan ysgolheigion fel Thomas Charles Edwards (1837–1900). Ni ellid osgoi her y datblygiadau gwyddonol chwaith, yn arbennig dysgeidiaeth Darwin am Esblygiad. Yr un modd bu datblygu safonau beirniadaeth wyddonol ar hanes yn foddion i godi cwestiynau ynglŷn â gwirionedd hanesiol rhannau o'r Beibl. Erbyn tua 1885 yr oedd y Ddiwinyddiaeth Ryddfrydol yn dechrau codi ei phen yng ngwaith David Adams (1845–1922) ac eraill. Rhwng popeth yr oedd pobl yn codi cwestiynau miniog ynglŷn â phethau sylfaenol Cristionogaeth erbyn troad y ganrif.

Ystadegau

Er hyn i gyd, bu cynnydd sylweddol yn y gefnogaeth i'r eglwysi tros y cyfnod. Ym 1851 yr oedd poblogaeth Cymru'n 1,005,721 ac ar 31 Mawrth 1851 yr oedd 31.8% yn oedfa'r bore a 35.4% yn oedfa'r hwyr. Ceid 778,202 o eisteddleoedd mewn 3,805 o addoldai. Erbyn 1905 yr oedd y boblogaeth yn 1,864,699 ac o'r rhain yr oedd 808,161 yn aelodau eglwysig. Yr oedd 43.3% o'r holl boblogaeth felly'n aelodau eglwysig. Ond gwyddom i sicrwydd fod llawer iawn mwy o'r boblogaeth yn mynychu oedfeuon,

er na ellir rhoi ystadegau cadarn ynglŷn â hwy. Mae'n amlwg fod yr eglwysi wedi tyfu'n rhan eithriadol bwysig a dylanwadol o fywyd y genedl.

Diwygiad eto

Dechreuodd diwygiad crefyddol yn ne Sir Abertiefi yn Ionawr 1904 ac yn yr haf cafwyd cynyrfiadau tebyg yn Rhosllannerchrugog. Yn yr hydref lledodd y diwygiad gyda grym anghyffredin trwy gymoedd y De ac erbyn y gwanwyn, 1905 ysgubodd trwy'r Gogledd ac hyd yn oed i Lerpwl. Er bod sylw mawr wedi ei roi i Evan Roberts (1878–1951), un o nodweddion y diwygiad hwn oedd cynhyrchu llawer o arweinyddion lleol, pobl fel Joseph Jenkins, R. B. Jones, Nantlais Williams, D. M. Phillips ac eraill. Yr oedd yn ddiwygiad hynod gynhyrfus a theimladol, yn cyffwrdd â phob dosbarth o bobl, yn rhoi lle blaenllaw i ferched ac yn gyfrifol am argyhoeddi llu mawr o bobl a ddaeth yn ddiweddarach yn golofnau yn yr eglwysi. Tawelodd yn ystod haf 1905 ond daliodd y tân gynnau mewn rhai mannau tan haf 1906.

*Llun o un o gyfarfodydd awyr
agored Diwygiad Evan Roberts ar
Ynys Môn yn 1905.*

Darllen Pellach

T. M. Bassett, *Bedyddwyr Cymru* (Abertawe: Gwasg Ilston, 1977), tt. 214–316.

E. T. Davies, *A New History of Wales: Religion and Society in the Nineteenth Century* (Llandybie: Christopher Davies, 1981).

Eifion Evans, *When He is Come: the 1858–60 Revival in Wales* (Bala: Evangelical Movement of Wales, 1959).

Trebor Lloyd Evans, *Lewis Edwards* (Abertawe: Gwasg John Penry, 1967).

Iorwerth Jones, *David Rees, y Cynhyrfwr* (Abertawe: Gwasg John Penry, 1971).

John Gwynfor Jones (gol), *Hanes Methodistiaeth Galfinaidd Cymru, Cyfrol III, Y Twf a'r Cadarnhau* (Caernarfon: Gwasg Pantycelyn, 2011).

R. Tudur Jones, *Ffydd ac Argyfwng Cenedl: Crefydd a Chymdeithas yng Nghymru, 1890–1914*, dwy gyfrol (Abertawe: Gwasg John Penry, 1982–3).

D. Densil Morgan, *Lewis Edwards* (Caerdydd: Gwasg Prifysgol Cymru, 2009).

J. J. Morgan, *Dafydd Morgan Ysbyty a Diwygiad '59* (Yr Wyddgrug: yr awdur, 1906).

Thomas Rees, *A History of Protestant Nonconformity in Wales* (London; John Snow, 1851), pennod 6.

David Walker (gol), *A History of the Church in Wales* (Penarth: Church in Wales Publications,1976), penodau 5–7.

Arthur Tudno Williams, *Mudiad Rhydychen a Chymru* (Dinbych: Gwasg Gee, 1983).

Glanmor Williams, William Jacob, Nigel Yates a Frances Knight, *The Welsh Church from Reformation to Disestablishment, 1603–1920* (Cardiff: University of Wales Press, 2007), rhan 4, 1850–1920.

Cwestiynau trafod

- Beth yw lle diwygiadau ym mywyd Cymru? Ai priodol disgwyl am un arall?

- Pa fanteision ac anfanteision a gaiff yr eglwysi trwy gymryd rhan amlwg mewn gwleidyddiaeth?

- I ba raddau y mae agwedd yr eglwysi at addysg yn Oes Victoria wedi creu anawsterau i'w disgynyddion yn ein canrif ni?

- Pa wendidau y gellir eu nodi ym mywyd eglwysi Oes Victoria? Ai gwir y cyhuddiad eu bod wedi troi'n ganolfannau cymdeithasol adloniadol yn hytrach nag yn gadarnleoedd y bywyd ysbrydol?

YR EGLWYS GYFFREDINOL

1941 Sefydlu Cymorth Cristnogol

1945 Y Genhadaeth Newydd yn Lloegr a Chymru

1948 Sefydlu Cyngor Eglwysi'r Byd

1950 Mudiad Carismataidd

1954 Ymgyrch Billy Graham ym Mhrydain

Y Pab Ioan XXIII (1881–1963), Eciwmenydd a Diwygiwr

1962–5 Cyngor y Fatican II

1950–60 Gwreiddio Diwinyddiaeth Rhyddhad

1961 *New English Bible*

1968 Sefydlu Tearfund

1974 Cyngres Lausanne

1977 Sefydlu'r Cwrs Alffa

Martyn Lloyd-Jones (1899–1981), arweinydd efengylaidd dylanwadol

CRISTNOGAETH CYMRU

1948 Mudiad Efengylaidd Cymru

1956 Cyngor Eglwysi Cymru

Nantlais Williams (1874–1959), emynydd ac arweinydd dylanwadol yn niwygiad 1904–05

J.E. Daniel (1902–1962), athro a diwinydd

1966 Cyngor Ysgolion Sul

1969 Ail-agor Coleg y Bala fel Canolfan Gristnogol i Blant a Ieuenctid

1969 Cymru i Grist

1975 Testament Newydd y *Beibl Cymraeg Newydd*

1983 Sefydlu *Cristion*, cylchgrawn cyd-enwadol

Lewis Valentine (1893–1986), gweinidog Bedyddiedig dylanwadol ac un o 'Dri Penyberth'

O Tregelles Williams (1922–1987), emynydd a darlledydd

1988 Cyhoeddi Y *Beibl Cymraeg Newydd*

CYFFREDINOL

1945 Y Cenhedloedd Unedig

1947 Sgroliau'r Môr Marw

1948 Gwladwriaeth Israel

1956 Argyfwng Suez

1963 Llofruddio John F Kennedy

1967 Rhyfel Israel

1969 Cerdded ar y Lleuad

1982–89 Thatcheriaeth

1982 Sefydlu S4C

1989 Chwalu Wal Berlin

Her yr Hydref 1945 - 1990

Oes Newydd

Gorffennodd yr Ail Ryfel Byd ym Mai 1945. Collodd y Deyrnas Gyfunol 264,443 o aelodau'r lluoedd arfog a 92,673 o ddinasyddion eraill trwy farwolaeth. Golygai hyn fod cannoedd o deuluoedd eisiau eu cysuro a bod teimlad cyffredinol y dylai'r fath aberth sicrhau trefn gymdeithasol gyfiawnach. Daeth y Blaid Lafur i rym ym 1945 ac am bum mlynedd cafodd gyfle i osod sylfeini'r drefn well yn unol â'i hegwyddorion hi. Gwladolwyd y diwydiannau trymion a chrewyd y Gwasanaeth Iechyd Cenedlaethol. O dipyn i beth daeth ffyniant economaidd a chreodd awydd cryf ymhlith pobl i fyw bywyd mwy moethus nag erioed o'r blaen. Daeth teledu'n ddylanwad diwylliannol cynyddol, yn porthi'r awch am wario ar foethau. Cynyddodd materoliaeth a llaciodd y safonau moesol yn ystod y chwe-degau. Ym 1979 daeth adwaith cryf gyda phenodi Margaret Thatcher yn brifweinidog. Dadwladolwyd y prif ddiwydiannau, rhoddwyd pwys mawr ar gystadlu, daliodd costau byw i godi a daeth bri newydd ar wneud arian. Yr oedd y cefndir economaidd a chymdeithasol hwn i effeithio'n drwm ar fywyd yr eglwysi.

Eciwmeniaeth

Ar 23 Awst 1948 ffurfiwyd Cyngor Eglwysi'r Byd a bu hynny'n foddion i feithrin diddordeb cyffredinol yn y cwestiynau sydd ynglŷn â pherthynas yr eglwysi â'i gilydd. Ym 1956 ffurfiwyd Cyngor Eglwysi Cymru. Cyn hyn, ym 1954, cynigiodd Cymanfa Gyffredinol Eglwys Bresbyteraidd Cymru gynnal trafodaeth gydag unrhyw enwad a oedd â diddordeb mewn ffurfio eglwys unedig. O'r gwahoddiad hwn y tarddodd Pwyllgor y Pedwar Enwad, yn cynnwys yr Annibynwyr, y Bedyddwyr, yr Eglwys Bresbyteraidd a'r Eglwys Fethodistaidd. Ym 1961 cyhoeddodd y Pwyllgor, *Paratoi'r Ffordd* ac fe'i dilynwyd gan *Tuag at Uno* ym 1963. Yna ym 1965 daeth ei adroddiad llawn yn *Y Cynllun Uno*. Bu trafod brwd arno ond methwyd â chael yr enwadau i gytuno i weithredu'r cynllun. Cymhlethwyd y drafodaeth gan symudiad arall. Yng Nghynhadledd Ffydd a Threfn Cyngor Eglwysi Prydain yn Nottingham ym 1964 cyfamodwyd i "weithio a gweddïo" tros uno'r eglwysi erbyn 1980. Codwyd pwyllgor yng Nghymru i anelu at y nod hwn. Cyflwynodd adroddiad, *Yr Alwad i Gyfamodi*, yn Ebrill 1966. Penodwyd cynrychiolwyr i wneud awgrymiadau

Yn wyneb seciwlareiddio gwelwyd brwdfrydedd newydd dros efengylu yn yr 1960au a'r 1970au

pellach a chyhoeddodd yntau ei adroddiad cyntaf, *Cyfamodi yng Nghymru*, ym Mawrth 1968. Yna ym 1971 daeth ei ddatganiad terfynol yn ddwy ran o dan y teitl *Cyfamodi ar gyfer Undeb yng Nghymru* yn cael ei ddilyn gan bamffled eglurhaol, *Pam cyfamodi?* Ffrwyth y trafod ar y dogfennau hyn oedd cynnal Gwasanaeth Cyfamodi yn Seilo, Aberystwyth, 18 Ionawr 1975, pan ymunodd yr Eglwys Bresbyteraidd, Yr Eglwys yng Nghymru, yr Eglwys Ddiwygiedig Unedig a'r Eglwys Fethodistaidd yn y cyfamod. Ond nid yw'r cyfamodi hyd yma wedi esgor ar unrhyw ddatblygiad dramatig er ei fod wedi ysbrydoli mwy o weithgarwch cydenwadol. Ac yr oedd y gweithgarwch hwn yn cael ei noddi hefyd gan Gynghorau Eglwysig lleol a chan Gyngor yr Eglwysi Rhyddion.

Efengylu

Yn eglwysi Prydain yn gyffredinol yr oedd y lleihad cyson yn aelodaeth yr eglwysi'n gorfodi sylw ar yr angen am efengylu. Bu cyhoeddi *Towards the Conversion of England* (1945), adroddiad comisiwn a benodwyd gan yr Archesgob William Temple, yn foddion i ddenu sylw yng Nghymru fel yn Lloegr at holl gwestiwn efengylu. Cafwyd nifer fawr o ymgyrchoedd lleol ond yr oedd yr un 'genedlaethol' o dan arweiniad Dr Billy Graham ym 1954 yn ysbrydiaeth i lawer. Enghraifft o efengylu bywiog a beiddgar oedd "Yr Ymgyrch Newydd yng Nghymru" a drefnwyd gan weinidogion ifainc yr Annibynwyr ond a gafodd gefnogaeth ryngenwadol. Ymosodwyd ar sawl ardal, gyda'r gweinidogion yn ymweld â ffatrïoedd, pyllau glo a chwareli, yn ogystal â chynnal cyfarfodydd cyhoeddus. O dan nawdd Cyngor Eglwysi Prydain y cychwynnwyd yr ymgyrch "Pobl Drws Nesaf" ym 1967. Ffrwyth apêl T. Glyn Thomas o gadair Undeb yr Annibynwyr oedd yr ymgyrch gydenwadol, "Cymru i Grist", a sefydlwyd yng Ngorffennaf 1969 o dan nawdd Cyngor Eglwysi Cymru. Ond yr oedd holl gwestiwn efengylu'n codi'n barhaus yn nhrafodaethau'r enwadau i gyd. Gwnaeth yr Eglwys Bresbyteraidd waith arloesol, yn enwedig mewn addysgu pobl ifainc, trwy'r canolfannau a sefydlwyd yn Nhrefeca a Choleg y Bala. Yr un modd cododd yr Annibynwyr "Weithgor y Genhadaeth Gartref" i hybu'r un math o weithgarwch.

Ni bu prinder ymdrechion felly. Ond bu'n syndod o anodd ennyn brwdfrydedd cyson aelodau'r eglwysi tros efengylu. Ar ben hynny bu ansicrwydd ymhlith yr arweinwyr ynglŷn â'r dulliau priodol i wneud propaganda tros yr Efengyl.

Ysbrydoledd

Bu cytundeb cyffredinol ymhlith yr arweinwyr mai un gwendid yw tlodi ysbrydoledd yr eglwysi. Mewn llawer eglwys diddymwyd y cyfarfod gweddi ac y mae tystiolaeth mai ychydig sy'n darllen y Beibl yn gyson. Trwy'r cyfnod cyhoeddwyd cynorthwyon i ddyfnhau'r bywyd ysbrydol. Ceid llyfrau fel rhai T. Glyn Thomas, *Ar Ddechrau'r Dydd* (1962) ac *Ar Derfyn Dydd* (1967), un D. Arthur Thomas, *Wrth eu Ffrwythau* (1986) ac un Trebor Lloyd Evans, *Bore a Hwyr* (1978), cyfieithiad o weddïau John Baillie. Cynnyrch Cymdeithas Weddi'r Annibynwyr, a sefydlwyd ym 1955, oedd y gyfres *Gweddïo*. O dan nawdd Cyngor Eglwysi Cymru y cyhoeddwyd y gyfres *O Ddydd i Ddydd*, ac a olynwyd gan *Gair y Dydd*, gyda myfyrdodau a gweddïau ar gyfer pob diwrnod. Mae cryn dystiolaeth fod y rhain yn cael eu gwerthfawrogi ond ym mywyd cyffredinol y cynulleidfaoedd y mae'r angen am ddyfnhau ysbrydoledd yn parhau.

Y Beibl

Un o'r cymhellion tros alw am ailgyfieithu'r Beibl oedd fod angen ei gyflwyno mewn idiom gyfoes. Ym 1961 gofynnodd Cyngor Eglwysi Cymru i'r eglwysi ystyried cefnogi cyfieithiad newydd o'r Beibl cyfan. Ffurfiwyd Cyd-bwyllgor, gyda Dr. G. O. Williams, Esgob Bangor yn gadeirydd. Bu tri chyfarwyddwr i'r gwaith, W. R. Williams, Aberystwyth (1961–2), Bleddyn Jones Roberts (1962–77) ac Owen E. Evans o hynny ymlaen. Rhannwyd y cyfieithwyr yn dri phanel gyda gofal am adrannau gwahanol o'r gwaith. Cyhoeddwyd y Testament Newydd ym 1975, y Salmau ym 1979, a'u cynnwys yn y Beibl cyfan a gyhoeddwyd ym 1988. Bu gwerth mawr i'r cyfieithiad newydd a gwneir defnydd helaeth ohono yn yr eglwysi, mewn ysgolion a cholegau.

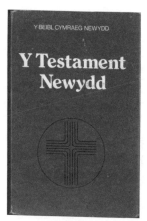

Y Beibl Cymraeg Newydd – Y Testament Newydd, cyhoeddwyd yn 1975

Cynilo a Chyfuno Adnoddau

Daeth yn fwyfwy anodd i'r enwadau gynnal eu trefniadau traddodiadol. Yr oedd cynnydd mewn costau'n un rheswm – er enghraifft, bu codi pris petrol ym 1974 yn foddion i roi terfyn ar y teithio mawr oedd yn gyffredin ymhlith gweinidogion. Ond yr oedd cynnal y weinidogaeth ei hun, heb sôn am yr adeiladau, yn gorfodi casglu arian mawr a chynilo ffyrnig. Ar ben hynny, bu lleihad sylweddol yn nifer yr ymgeiswyr am y weinidogaeth. Cyfunwyd cynulleidfaoedd a phlwyfi i ffurfio cylchoedd bugeiliol ehangach ac mewn rhai ardaloedd rhoddwyd cynnig ar "weinidogaeth bro", gydag un gweinidog yn gwasanaethu eglwysi o fwy nag un enwad. Bu'n rhaid i'r Annibynwyr leihau nifer eu colegau. Dechreuwyd y cyfnod gyda thri a'i

Y Beibl Cymraeg Newydd cyfan, cyhoeddwyd yn 1988

orffen gydag un. Ond er gwaethaf pob ymdrech, bu'n rhaid cau nifer sylweddol o gapeli ac eglwysi oherwydd y lleihad yn nifer yr aelodau. Gwelir enghraifft arall o gyfuno adnoddau ym myd cyhoeddi cylchgronau, gyda hen ffefrynnau fel *Y Dysgedydd* a'r *Drysorfa* yn diflannu a *Phorfeydd* ac yn ddiweddarach *Cristion* yn cymryd eu lle. Yr un modd gyda'r cylchgronau plant.

Trai

Yn y cyfnod rhwng 1945 a 1990 lleihaodd nifer y bobl sy'n aelodau eglwysig yn sylweddol. Yn sgîl hyn collodd yr enwadau'r dylanwad a fu ganddynt ym mywyd y genedl. Mae'r cilio i'w weld hyd yn oed y tu mewn i'r eglwysi gan nad oes ond rhyw un o bob tri o'r aelodau'n mynychu'r oedfeuon. Wrth i'r eglwysi golli eu pwysigrwydd cyhoeddus, peidiodd pobl nad ydynt yn aelodau â mynd i'r oedfeuon o gwbl, er bod y dosbarth hwn – y "gwrandawyr" – wedi bod un amser yn amlwg iawn yn y cynulleidfaoedd. Adlewyrchir y trai mewn dylanwad yn y diffyg sylw i weithgarwch a datganiadau'r eglwysi ar y cyfryngau. Eu harfer hwy yw cyfyngu materion crefyddol i raglenni naill-ochr, yn union fel unrhyw ddiddordeb lleiafrifol arall. Ergyd lem iawn oedd colli cysylltiad â'r ieuenctid, hyd yn oed yr ieuenctid a fagwyd yn yr eglwysi. Gwnaethpwyd ymdrechion arbennig gan yr holl enwadau i'w cyrraedd ond ni lwyddwyd hyd yma i wneud argraff sylweddol ar y dosbarth hwn. Un peth sy'n amlwg, ni ellir cyhuddo'r arweinwyr o fod yn ddi-hid nac yn ddifater. I'r gwrthwyneb y maent yn dra ymwybodol fod y trai'n beth difrifol ac y maent yn ceisio'n barhaus ddarganfod ffyrdd i orfodi'r cyhoedd i gymryd Cristionogaeth o ddifrif.

Athrawiaeth

I'r graddau y mae athrawiaeth yn gwir fynegi argyhoeddiadau pobl, y mae'n allwedd i'w cymhellion. Un peth diddorol am y maes crefyddol yng Nghymru rhwng 1945 a 1990 yw bywiogrwydd y drafodaeth ddiwinyddol. At ei gilydd ar ddiwedd y rhyfel, Rhyddfrydiaeth oedd hoff safbwynt y diwinyddion er eu bod yn amrywio yn eu pwyslais. Dyma oedd osgo O. R. Davies, Tom Ellis Jones, G. Wynne Griffith a W. T. Gruffydd. Parhaodd rhai i lynu wrth y safbwynt, meddylwyr fel Pennar Davies, Iorwerth Jones, R. H. Evans, D. R. Thomas a Hywel D. Lewis. Gyda J. R. Jones, Abertawe, cafwyd ffurf

Capel Engedi, Caernarfon. Adeilad mawreddog a gaeodd ei ddrysau am y tro olaf ar droad y mileniwm.

Y lleihad yn nifer aelodau eglwysi Cymru ers 1980

	1980	1990	2000	2010	% newid rhwng 1980 a 2010
Yr Eglwys yng Nghymru	108200	85000	62300	50600	-53%
Bedyddwyr	47900	34700	22500	13800	-71%
Yr Eglwys Gatholig	75800	58300	43800	34100	-55%
Yr Eglwys Fethodistaidd	27000	19500	15600	13200	-51%
Eglwys Bresbyteraidd Cymru	55600	35100	23800	15900	-71%
Annibynwyr	34800	24400	16300	10900	-69%
Eraill	46500	43500	39500	38200	-18%

Ffynnhonell: www.brin.ac.uk

ar Radicaliaeth Ddiwinyddol a oedd yn ddyledus i Paul Tillich a Dietrich Bonhoeffer. Symudodd eraill at safbwynt a oedd yn fwy cyson â'r Ddiwinyddiaeth Feiblaidd a ddechreuodd flodeuo yn yr Almaen rhwng y ddau ryfel, gwŷr fel Gwilym Bowyer, Bleddyn Jones Roberts, W. B. Griffiths a Trebor Lloyd Evans. Ym 1947 sefydlwyd Mudiad Efengylaidd Cymru, a bwysleisiai argyhoeddiadau uniongrededd Brotestannaidd, ac yn ystod y blynyddoedd cynyddodd ei ddylanwad. Yr oedd Rheinallt Nantlais Williams (1911–1993) yn cynrychioli'r pwyslais hwn, fel y gwna ei fab, Stephen. Yr un argyhoeddiad a geir yng ngwaith ysgrifenwyr fel Emyr Roberts (1915–1988), J. Elwyn Davies (1925–2007), R. M. (Bobi) Jones (1929–2017), R. Geraint Gruffydd (1928–2015) a Noel Gibbard (1932–). Ac y mae'r safbwynt Efengylaidd, fel y'i gelwir, wedi grymuso ymhlith gweinidogion ifainc o bob enwad, heb eithrio'r Eglwys yng Nghymru, er bod y traddodiad Eingl-Gatholig yn dal yn gryf ynddi hi. Ond os oes cnwd o ysgrifenwyr diwinyddol bywiog wedi codi oddi ar y rhyfel, prin y gellir dweud fod diddordeb diwinyddol mwyafrif aelodau'r eglwysi wedi cynyddu.

I'r gwrthwyneb, bychan iawn yw diddordeb y mwyafrif yn y pynciau hyn. Cefnogaeth dila a roddant i gyhoeddiadau crefyddol, yn gylchgronau ac yn llyfrau.

Esbonio

Un o'r cwestiynau mwyaf dyrys sy'n wynebu'r hanesydd yw esbonio'r trai. Mae'n amlwg fod Cristionogion wedi wynebu anawsterau mawrion. Ond sut na fyddai eu ffydd wedi eu helpu i'w gorchfygu?

Y mae a wnelo Cristionogaeth hefyd â chyhoeddi fod ymwared. Nid syniad moel yw Crist iddi, ond y Gwaredwr. Mae'r Creawdwr hefyd yn Dduw'r achubydd. A thrwy eu pregethu, eu sacramentau, eu hoedfaon, eu gwaith bugeiliol, eu cylchgronau a'u sefydliadau addysgol mae'r eglwysi'n gwahodd pobl yn ôl o'u dryswch i'r "rhyfeddol oleuni" sy'n nodweddu Teyrnas Dduw. Dichon i'r eglwysi gloffi gyda'r gwaith ... Ond ffolineb fyddai honni fod y goleuni wedi diffodd ar eu canhwyllau. Ynddynt hwy a thrwyddynt hwy gwelodd Duw'n dda ganiatáu adnewyddiad nerthol i bobl Cymru ar ganol y cyfnod buom yn adrodd ei hanes. Ac yn y blynyddoedd rhwng hynny a heddiw ni phallodd y weledigaeth fod cynghanedd ac undod a gorfoledd ac ystyrlonedd i'w cael eto i bobl Cymru yng Nghrist.

A lle bo gweledigaeth, nid pallu a wna'r bobl.

R. Tudur Jones, *Ffydd Ac Argyfwng Cenedl,* Cyfrol 2 (1982)

Darllen Pellach

Dewi Eirug Davies, *Diwinyddiaeth yng Nghymru 1927 – 1977* (Llandysul: Gwasg Gomer, 1984).

Noel A. Davies, *A History of Ecumenism in Wales: 1956–90* (Cardiff: University of Wales Press, 2008).

Noel Gibbard, *Cofio Hanner Canrif: Hanes Mudiad Efengylaidd Cymru, 1948–98* (Pen-y-bont ar Ogwr: Gwasg Bryntirion, 2000).

John Gwynfor Jones (gol), *Hanes Methodistiaeth Galfinaidd Cymru, Cyfrol IV, Yr Ugeinfed Ganrif* (Caernarfon: Gwasg Pantycelyn, 2017).

R. Tudur Jones, *Hanes Annibynwyr Cymru* (Abertawe: Gwasg John Penry, 1966), penodau 13 a 14.

R. Tudur Jones, *Yr Undeb: Hanes Undeb yr Annibynwyr Cymraeg, 1872–1972* (Abertawe: Gwasg John Penry, 1972), penodau 10–12.

D. Densil Morgan, *The Span of the Cross: Christian Religion and Society in Wales, 1914–2000*, ail argraffiad (Cardiff: University of Wales Press, 2011).

Robert Pope, 'Survival, 1963-2000' yn R. Tudur Jones, *Congregationalism in Wales*, Robert Pope (gol.), (Cardiff: University of Wales Press, 2003).

Robert Pope, *Codi Muriau Dinas Duw: Anghydffurfiaeth ac Anghydffurfwyr Cymru'r Ugeinfed Ganrif* (Bangor: Canolfan Uwchefrydiau Crefydd yng Nghymru, 2005).

Cwestiynau trafod

- I ba raddau y gellir ystyried y Mudiad Eciwmenaidd yn wedd arwyddocaol ar Gristionogaeth gyfoes?

- Pa resymau y gellir eu rhoi i esbonio'r cilio mawr oddi wrth Gristionogaeth yng Nghymru?

- Ym mha ffyrdd y mae'r cyfryngau torfol wedi bod (a) yn gymorth, (b) yn fygythiad i Gristionogaeth? A fuont yn foddion i ddarostwng safonau moesol?

- A oes y fath beth â moeseg nodweddiadol Gristionogol? Beth yw nodweddion y foeseg sy'n dderbyniol ymhlith aelodau eglwysig erbyn hyn?

YR EGLWYS GYFFREDINOL

1990 Cyhoeddi Degawd Efengylu

1993 Trychineb Waco – Branch Davidians – sect filenaraidd

1994 Bendith Toronto

1996 Ordeinio Merched i'r Offeiriadaeth

2000 Dathlu Trydydd Mileniwm Cristnogaeth

1978–2005 Tymor John Paul II (Karol Jozef Wojtyla, 1920–2005) yn Bab

2002–10 Tymor Rowan Williams yn Archesgob Caergaint

2010 Cynghres Genhadol Lausanne, Cape Town

John Stott (1921–2011), awdur ac efengylwr blaenllaw oddi mewn i Eglwys Loegr

Billy Graham (1918–2018), efengylydd a phregethwr grymus

CRISTNOGAETH CYMRU

1990 Ail sefydlu Cyngor Eglwysi Cymru – *Cytûn*

1992 Sefydlu *Cyhoeddiadau'r Gair*

Pennar Davies (1911–1996), awdur a Phrifathro y Coleg Coffa

R. Tudur Jones (1921–1998), hanesydd eglwysig a Phrifathro Coleg Bala-Bangor

2000 *Y Ffordd Ymlaen* – cynllun uno'r enwadau

2001 Cyhoeddi *Caneuon Ffydd*

J Haines Davies (1917–2004), gweinidog Wesleaidd dylanwadol ac un o arloeswyr y Cyngor Ysgolion Sul

2005 Cyhoeddi'r *Beibl Cymraeg Newydd Diwygedig*

2008 Sefydlu gŵyl Gristnogol *Llanw*

2014 Agor "Byd Mari Jones"

2015 Cyhoeddi *beibl.net*

2003 – 2017 Tymor Barry Morgan fel Archesgob Cymru

2017 Joanna Penberthy, Esgob Tyddewi – esgob benywaidd cyntaf Cymru

CYFFREDINOL

1990–91 Rhyfel y Gwlff

1991 Dymchwel Apartheid yn Ne Affrica

1994–2010 Llafur Newydd

1997 Refferendwm Datganoli

1998 Cytundeb Heddwch Gogledd Iwerddon

1999 Sefydlu Cynulliad Cenedlaethol Cymru

2001 Ymosodiad ar y ddau Dŵr, Efrog Newydd

2003–11 Ail Ryfel Irac

2008 Ethol Barack Obama, arlywydd cyntaf yr UDA o dras Affricanaidd-Americanaidd

2008 Argyfwng ariannol byd-eang

2016 Refferendwm Prydain – gadael yr Undeb Ewropeaidd

Efengylu ac Eciwmeniaeth 1990-2017

Euros Wyn Jones

Agorodd degawd olaf y ganrif ddiwethaf gydag ymgais gydwybodol i wrthweithio dirywiad yr eglwysi yng Ngwledydd Prydain trwy gynnal Degawd Efengylu. Cynhadledd Lambeth 1988 alwodd ar bob esgobaeth "i wneud ymdrech unedig i hysbysu enw Crist i bawb". Croesawyd y fenter gan yr eglwysi yng Nghymru gan gynnwys yr eglwysi a berthynai i Cytûn (yr hen Gyngor Eglwysi Cymru) oedd newydd ei ailffurfio ar 1af Medi 1990 ac oedd am y tro cyntaf yn cynnwys y Pabyddion yng Nghymru fel aelodau cyflawn. Daeth arweinyddion Cristnogol ynghyd o amrywiol enwadau fel rhan o Fudiad Lausanne a DAWN (Disgyblu Am Wlad Newydd) i drafod strategaeth i "ail-efengylu'n gwlad." Cafwyd Arolwg o gyflwr yr eglwysi yn 1993 a chyhoeddwyd ei ganlyniadau o dan y teitl *Yr Her i Newid*. Paratowyd ar gyfer y gwaith o efengylu trwy wahodd pobl fel Michael Green, awdurdod ar efengylu ac awdur nifer o gyfrolau fel *Evangelism in the Early Church* ac *Evangelism through the Local Church*, i annerch cynadleddau yn Aberystwyth a mannau eraill. Yn ei anerchiadau pwysleisiodd fod yn yr eglwysi lleol ddigon o adnoddau mewn pobl o hyd i drawsnewid y wlad yn gyfan gwbl, dim ond iddynt gael eu hysbrydoli ar gyfer y dasg. "Egni i efengylu sydd ei angen ar bobl yn yr eglwysi er mwyn gosod Cymru ar dân," oedd ei neges. Erbyn canol y ddegawd, fodd bynnag, daeth yn amlwg nad oedd yn y prif enwadau yng Nghymru fawr o awydd nac argyhoeddiad i fynd allan i efengylu yn enw Crist. Mae'n wir i ambell ardal fel Porthaethwy, er enghraifft, wneud ymdrech i ymestyn allan at eraill yn y dref trwy eu gwahodd i ddod ynghyd i ganolfan 'niwtral' fel neuadd yr Ysgol Uwchradd leol i ddathlu eu ffydd, ond cymharol ychydig o bobl newydd a ddaeth i'r cyfarfodydd. Fel yn y rhan fwyaf o bentrefi a threfi Cymru a Phrydain amlygwyd yr un agwedd meddwl cyffredinol y mae Grace Davy yn ei chyfrol, *Religion in Britain since 1945*, yn ei alw yn "believing without belonging" ymhlith trwch y boblogaeth. Pobl oedd yn honni eu bod yn gredinwyr ond ni fynnent berthyn i gymdeithas Eglwys Crist.

Rheswm arall am y methiant hwn oedd anghytundeb ymhlith Cristnogion y gwahanol enwadau ar beth oedd cenhadaeth yn y lle cyntaf. Ystyriai rhai fod ceisio ennill pobl i Gristnogaeth o wahanol grefyddau trwy efengylu yn gwbl annerbyniol yn yr oes hon, tra credai eraill mai cenhadu trwy esiampl oedd y ffordd orau. Yr oedd yn well gan rai uniaethu cenhadu gydag ymgyrchu dros gyfiawnder

Undeb yr Annibynwyr Cymraeg, Eglwys Bresbyteraidd Cymru, Undeb Bedyddwyr Cymru, Yr Eglwys Rufeinig Gatholig, Yr Eglwys yng Nghymru a'r Eglwys Fethodistaidd: rhai o'r prif enwadau oedd yn parhau'n weithgar yng Nghymru droad y G21.

a thegwch yn y byd ac ni chredent fod efengylu yn waith iddynt hwy. Gyda'r holl amrywiaeth safbwyntiau hyn does dim rhyfedd i'r ymdrech fod yn fethiant llwyr. Cydnabyddir yn gyffredinol erbyn hyn bod angen agwedd llawer mwy gostyngedig tuag at y dasg o efengylu. Mewn papur a baratowyd ar gyfer pwyllgor efengylu a chenhadu Undeb yr Annibynwyr pwyslesiodd R. Tudur Jones mai gwaith Duw y Drindod yw efengylu ac nid yw wedi ildio'r awennau i neb arall. Trwy anfon ei Fab i'r byd, y Tad yw'r ysgogydd; y Mab mewn ufudd-dod yw'r un sy'n cyflawni gofynion y Tad trwy farw dros

bechaduriaid ar y groes; yr Ysbryd Glân yw'r un sy'n selio'r gwirionedd hwn yng nghalonnau pobl. Mewn geiriau eraill, gwaith Duw yw hwn o'r dechrau i'r diwedd ac ni allwn fel Cristnogion ond ymostwng mewn gwyleidd-dra i'w amcanion. Mewn geiriau eraill, nid ein cynlluniau ni na'n prosiectau ni yw hanfod efengylu.

Erbyn gwawrio'r mileniwm newydd cafwyd un ymdrech arall tuag at uno'r enwadau ymneilltuol. Ers 1995 bu cynrychiolwyr yr enwadau ymneilltuol yn cyfarfod i lunio dogfen a fyddai'n sail i drafodaeth. Cyhoeddwyd y ddogfen, Y

Ffordd Ymlaen yn 2000. Hanfod y cynllun oedd cyfuno annibyniaeth yr eglwys leol gyda strwythur canolog ar gyfer talu cyflogau gweinidogion. Methiant fu'r ymgais oherwydd amrywiaeth o resymau. I rai, roedd y cynllun yn rhoi gormod o annibyniaeth i'r eglwysi lleol ond roedd eraill yn ddrwgdybus o ymyrraeth strwythur canolog. Ond yn y bôn, methodd y cynllun oherwydd problemau mwy ymarferol. Yn bennaf yn eu plith, oedd bod llawer wedi sylweddoli y byddai'n rhaid cau peth wmbredd o eglwysi mewn trefi a phentrefi er mwyn cyrraedd y nod, ac yn ychwanegol at hynny, byddai goblygiadau ariannol ychwanegu nifer sylweddol o weinidogion cyflogedig i'r corff canolog wedi bod ddigon i suddo'r eglwys unedig newydd i fethdaliad cyn iddi ddechrau ar ei gwaith. Erbyn Ebrill 2001 roedd eglwysi'r Annibynwyr wedi pleidleisio bron 2:1 yn erbyn y cynllun; yr oedd y Presbyteriaid yn rhanedig eu barn a'r Wesleaid yn llawn amheuon, ac ni fwriodd y Bedyddwyr bleidlais o gwbl. I bob pwrpas roedd yr holl fenter yn farw gelain erbyn hynny.

Rhaid cyfaddef, gyda thristwch, y bu pob ymgais i atal dirywiad Cristnogaeth ymhlith ieuenctid Cymru yn fethiant. Er bod llawer ohonynt yn frwd dros achub yr iaith a chynnal y diwylliant Cymraeg, nid yw capel nac eglwys yn bwysig i'r rhelyw ohonynt. Yn ogystal, mae Cymru yn parhau i allforio ei phobl ifanc ac yn dal i ddioddef o fewnfudo negyddol i gadarnleodd y Gymraeg – y rhelyw o'r mewnddyfodiaid heb unrhyw awydd na dymuniad i ddeall nac ymdoddi i gymdeithas Gymraeg gynhennid y bröydd hynny. Yn ôl gwahanol arolygon a gynhaliwyd yn ystod 2006/7 gostyngodd nifer y rhai sy'n mynychu lle o addoliad i rhwng 7 – 9 % o'r boblogaeth ac yn senssws 2011 cafwyd cynnydd aruthrol mewn atheistiaeth rhonc mewn rhai ardaloedd fel Blaenau Gwent.

Y Beibl ac Adnoddau Eraill

Cafodd y *Beibl Cymraeg Newydd* 1988 dderbyniad gwresog a phrofwyd hynny yn y gwerthiant aruthrol a fu ar y gwahanol argraffiadau ohono. Gwerthwyd oddeutu 75,000 o gopïau yn y misoedd cyntaf. Yr oedd llwyddiant y cyfieithiad newydd yn agor y drws i wneud amrywiaeth o bethau gyda'r testun ei hun. Cynhaliwyd nifer o bwyllgorau i gynllunio ar gyfer cyhoeddi gwahanol argraffiadau gan ddefnyddio'r testun hwn: yn eu plith Beibl lliw i blant a Beibl Efrydydd ('Study Edition) i'r arbenigwyr. Gwaetha'r modd, ni welodd y cynlluniau hynny olau dydd oherwydd yn fuan iawn yn y ddegawd newydd penderfynodd Cymdeithas y Beibl newid ei phwyslais a'i phwrpas. O fod yn ddarparwr Beiblau yn unig, bellach gwelai hi ei hun fel sefydliad oedd yn cenhadu dros y Beibl a'r defnydd ohono. Gwaetha'r modd, bu hynny yn gyfrifol iddi golli golwg ar ei dyletswydd o ddarparu Beiblau yn y Gymraeg. Ofer fu pob pledio o blaid cyhoeddi gwahanol argraffiadau o'r Beibl yn y Gymraeg a glynai'r Gymdeithas yn haearnaidd wrth y strategaeth newydd oedd ganddi ar gyfer Lloegr gan anwybyddu anghenion y Cymry Cymraeg.

Parhaodd y sefyllfa hon nes i'r Gymdeithas sylweddoli ei gwir alwad a'i chyfrifoldeb o ddarparu Beiblau. Erbyn 2002/3 yr oedd holl argraffiadau y *Beibl Cymraeg Newydd* bron a gwerthu yn gyfan gwbl a thrwy ddyfal bwyso o gyfeiriad y Cydbwyllgor a Gweithgor yr Eglwysi Efengylaidd, penderfynwyd mynd ati i gyhoeddi argraffiad diwygedig o'r Beibl. Gosodwyd tair tasg ar gyfer y Panelau: yn gyntaf, roedd angen cywiro'r gwallau diangen ym Meibl 1988; yn ail, cynnwys iaith gynhwysol; yn drydydd, ymateb i awgrymiadau o wahanol gyfeiriadau ers cyhoeddi Beibl 1988. Cyhoeddwyd yr argraffiad diwygedig o'r *Beibl Cymraeg Newydd* y Sadwrn olaf o Chwefror 2004 mewn gwasanaeth arbennig yn Seion, Aberystwyth. Yr oedd peth amheuaeth a lwyddid i gynnal yr oedfa ai peidio gan fod eira trwm a rhew mawr wedi taro Cymru yr wythnos honno a hyd yn oed strydoedd Aberystwyth yn llithrig a pheryglus. Serch hynny,

Y Beibl Cymraeg Newydd – Argraffiad Diwygiedig, cyhoeddwyd yn 2004

beibl.net, dechreuwyd cyhoeddi ar-lein yn 2002 ac yna cyhoeddwyd mewn print yn 2015

cafwyd gwasanaeth bendithiol ac yn ei bregeth tynnodd y Parchedig Athro Gwilym H Jones, Cyfarwyddwr y *BCN* ers 1995, sylw'r gynulleidfa at y tîm di-enw o ysgolheigion a fu wrth y gwaith o gyfieithu oedd yn bresennol yn yr oedfa gan mai "dyna'r tro olaf y gwelid cynifer o arbenigwyr yn yr ieithoedd Beiblaidd ynghyd yng Nghymru byth eto." Geiriau hynod o broffwydol o ystyried beth ddigwyddodd i ddysgu'r ieithoedd Beiblaidd ym mhrifysgolion Cymru yn ail ddegawd y ganrif newydd.

Cafodd y cyfieithiad diwygedig groeso cyffredinol ac unwaith eto gwerthwyd llawer iawn mwy nag a ragdybiwyd a llwyddwyd o dan arweiniad Mr Derek Hill, Pennaeth Cyfieithu a Chyhoeddiadau'r Gymdeithas, i gynhyrchu beibl am bris rhesymol o £15. Efallai mai coron y datblygiad hwn oedd bod agwedd y Gedeoniaid at y cyfieithiad wedi newid. Yr oeddent wedi gwrthod derbyn Beibl 1988 ac wedi dosbarthu miloedd o gopïau o Destament Newydd a baratowyd gan Fudiad Efengylaidd Cymru ac a gyhoeddwyd yn 1991, i ysgolion a mannau eraill – cyfieithiad a fynnai lynnu wrth destun Groeg y Mwyafrif a gwrthod y testun Groeg beirniadol oedd yn sail i gyfieithiad y *BCN*. Ond bellach

argraffwyd a dosbarthwyd 10,000 o gopïau o'r *Testament Newydd a'r Salmau* gan ddefnyddio'r cyfieithiad diwygedig. Gwelwyd argraffu hefyd Destament Newydd Dwyieithog, Cymraeg/Saesneg yn 2006, a hyd yn oed Destament Newydd Cymraeg / Sbaeneg yn 2010. Cyhoeddwyd hefyd y *Beibl Canllaw* yn 2015 gan Wasg Bryntirion gan ddefnyddio testun y *BCN* diwygedig ac ychwanegu cyflwyniadau i bob llyfr a throednodiadau byrion ar ystyr ambell air ynghyd â chroesgyfeiriadau. Ond parhaodd y galw, fodd bynnag, am gyfieithiad o'r Beibl i Gymraeg agosach at iaith bob dydd pobl ifanc. Yr oedd cyfieithiad o'r fath ar gael ar y we o dan yr enw *beibl.net*. Yr oedd hwn yn ffrwyth llafur chwarter canrif i Arfon Jones, oedd yn gweithio i'r elusen Gobaith i Gymru a gafodd ei sefydlu'n rhannol dan anogaeth Dr Dewi Arwel Hughes (1947–2017), diwinydd ac awdur Cymreig a oedd ar y pryd yn gweithio fel diwinydd preswyl i'r elusen Tearfund. Yn wreiddiol, dim ond ar y we y bwriadawyd i'r cyfieithiad ymddangos, ond wedi cryn bwyso o wahanol gyfeiriadau, ildiodd y cyfieithydd i'r galw am ei argraffu a daeth o'r wasg yn 2015. Gwerthwyd y 5,000 cyntaf ar unwaith a bu'n rhaid wrth ail argraffiad yn fuan iawn. Profodd yn foddion poblogaidd iawn i genhadu ymysg y genhedlaeth iau

Agorwyd 'Byd Mary Jones' gan Gymdeithas y Beibl yn Hen Eglwys, Beuno Sant, Llanycil, Y Bala yn 2014

gan ategu bwriad a phenderfyniad newydd Cymdeithas y Beibl i wasanaethu Cymru. Cadarnhawyd ei hymroddiad ymhellach pan agorwyd canolfan newydd yn hen eglwys Beuno Sant ar lan Llyn Tegid, y Bala, o dan yr enw "Byd Mari Jones", ym mis Hydref 2014. Achlysur addas iawn mewn man hanesyddol o gofio mai yno y claddwyd Thomas Charles, un o brif ysgogwyr ei sylfaenu.

Bu Cydbwyllgor y Beibl yn ddiwyd hefyd yn cyhoeddi nifer o lyfrau eraill: cyfres o esboniadau ar rhyw ddwsin o lyfrau'r Beibl gan ddefnyddio testun y *BCN* a Mynegair swmpus i'r Beibl. Gosodwyd y patrwm

ar gyfer yr esboniadau oedd i ddilyn gan yr Athro D. P. Davies gyda'i esboniad ar Efengyl Marc. Cyhoeddwyd dau bob blwyddyn, un ar yr Hen Destament ac un ar y Testament Newydd, ond wyth yn unig a gyhoeddwyd yn y diwedd. Amcan y gyfres oedd esbonio mor syml ac uniongyrchol ag oedd bosibl gynnwys llyfrau'r Beibl. Penderfynodd y Cyngor Ysgolion Sul ddefnyddio'r esboniadau fel maes llafur yr oedolion rhwng 1998 a 2005, ond ni phrofodd y gyfres yn boblogaidd ymysg ffyddloniaid yr Ysgolion Sul. Cyhoeddodd y Cybwyllgor y Mynegair i'r Beibl Cymraeg Newydd yn 1998. Y

Golygydd oedd cyn-Gyfarwyddwr y *BCN*, y Dr Owen E. Evans a gynorthwywyd gan y Parchedig David Robinson. Bu hon yn fenter enfawr i'r Cydbwyllgor ac i Gymdeithas y Beibl ac un a gymerodd bron i ddegawd i'w chyflawni. Yr oedd creu rhaglenni cyfrifiadurol a fyddai'n cymryd i ystyriaeth holl dreigliadau yr iaith Gymraeg yn gryn her. Ond trwy ddyfalbarhad ac amynedd, llwyddwyd yn rhyfeddol i wneud y gwaith. Fe'i hargraffwyd gan Wasg Prifysgol Cymru a'i chyhoeddi yn Llyfrgell Genedlaethol Cymru ar y 26ain. Medi 1998. Argraffwyd 800 o gopïau ac ymhen dwy flynedd roedd y cwbl wedi eu gwerthu.

Llyfr Emynau Newydd a Chyngor Ysgolion Sul a Chyhoeddiadau'r Gair

Sefydlwyd pwyllgor cydenwadol yn 1993 er mwyn paratoi llyfr emynau cydenwadol newydd. Yr amcan oedd dethol rhyw 950 o emynau gorau o blith traddodiadau'r Annibynwyr, Y Presbyteriaid, y Bedyddwyr, yr Eglwys Fethodistaidd a'r Eglwys yng Nghymru ac emynau'r byd. Penderfynwyd yn gynnar iawn yn y trafodaethau mai trefnu'r emynau yn ôl themâu y byddid ac nid yn ôl mesur. Un o fendithion Y

Sampl o'r deunydd a gyhoeddwyd gan y Cyngor Ysgolion Sul ac yna Cyhoeddiadau'r Gair dros y blynyddoedd

Caniedydd yr Annibynwyr a *Llawlyfr Moliant* y Bedyddwyr oedd fod y tonau ar yr un mesur efo'i gilydd a gellid rhoi mwy nac un emyn ar y dudalen lle ceid y dôn. Penderfynodd y pwyllgor cydenwadol beidio â lluosogi nifer yr emynau ar un dudalen. Canlyniad hynny oedd fod y gyfrol newydd yn enfawr ac anhylaw. Er bod ambell lithriad anochel wedi digwydd wrth baratoi cyfrol mor fawr (fel gadael ambell emyn enwog allan o'r casgliad, er enghraifft, "O Am fywyd o sancteiddio") cafodd y gyfrol groeso cyffredinol gan y rhan fwyaf o gapeli. Cyhoeddwyd y gyfrol yn 2001 o dan yr enw *Caneuon Ffydd* a gwerthwyd miloedd lawer o gopïau. Dilynwyd hi yn 2006 gan gyfrol ddefnyddiol o waith Delyth G. Morgans (Phillips) fel cydymaith yn olrhain hanes pob emyn, awdur a chyfansoddwr.

Sefydlwyd y Cyngor Ysgolion Sul yn 1966 ac un o'i amcanion oedd "cyhoeddi llenyddiaeth, llyfrau, pamffledi ... ffilmiau a chylchgronau ..." at wasanaeth yr ysgolion Sul yn yr iaith Gymraeg. Ym mis Ionawr 1966 cyhoeddwyd y cylchgrawn *Antur* gyda Jennie Eirian Davies yn olygydd arno. Cafodd dderbyniad gwresog ac aed ati yn 1971 i gyhoeddi casgliad o ysgrifau'r cylchgrawn fel llyfr anrheg. Menter fawr i'r Cyngor mewn cydweithrediad â Llyfrau'r

Dryw oedd cyhoeddi addasiad Cymraeg o Feibl Lliw Hamlyn ar gost o £20,000. Trwy sicrhau digon o archebion ymlaen llaw llwyddwyd i ddod a'r maen i'r mur. Ym 1989 penodwyd y Parchedig Aled Davies yn Swyddog Datblygu i'r Cyngor yn y Gogledd, ond yn 1992 sylweddolwyd bod bwlch mawr ym maes cyhoeddi llyfrau crefyddol a gwerslyfrau yng Nghymru a phenderfynwyd sefydlu Cyhoeddiadau'r Gair. O dan gyfarwyddyd y Parchedig Aled Davies gwnaed gwaith aruthrol o ddarparu adnoddau ar gyfer plant, ieuenctid ac oedolion oedd yn parhau i fynychu Ysgolion Sul a chapeli ac eglwysi yng Nghymru. Trwy greu partneriaethau gyda gweisg eraill fel Lion Hudson, SCM, Usborne, a Scripture Union a gweisg ar gyfandiroedd eraill, llwyddwyd i gyhoeddi amrediad anhygoel o eang o lyfrau, gwerslyfrau, casetiau, crynoddisgiau, DVD'au, a Beiblau lliwgar o bob math, ar gyfer plant ac oedolion. Y mae'r bennod hon yn hanes eglwysi Cymru yn brawf digamsyniol o'r hyn y gellir ei gyflawni trwy gydweithrediad rhwng yr enwadau a rhywun o weledigaeth ac egni y Parchedig Aled Davies.

Ymatebodd yr eglwysi gyda chryn egni i'r dasg o hyfforddi eu hoedolion. Bu'r Annibynwyr yn arloesi yn y maes ac yn

1989 penodwyd W. Eifion Powell yn gyfarwyddwr hyfforddi lleygwyr yn Undeb yr Annibynwyr ac athro yng Ngholeg yr Annibynwyr oedd wedi ei sefydlu yn Aberystwyth yr un flwyddyn yn dilyn uno Coleg Bala-Bangor a'r Coleg Coffa. Wedi i Eifion Powell ddod yn Brifathro'r Coleg yn 1992 penodwyd Euros W Jones yn Gyfarwyddwr Hyfforddi ac athro yn y Coleg. Parhawyd gyda'r gwaith o greu cyrsiau ac adnoddau a dechreuwyd patrwm o hyfforddi lleol a fu'n hynod o lwyddiannus. Rhwng 1993 a 1996 gyda chymorth tiwtoriaid lleol hyfforddwyd dros 300 o bobl rhwng y gwahanol ganolfannau ac ohonynt codwyd llawer yn bregethwyr ac arweinwyr addoliad a hefyd ymgeiswyr am y weinidogaeth. Does dim dwywaith na fu'r ddarpariaeth hon yn gyfrwng i godi to newydd o weinidogion i wasanaethu eglwysi'r Annibynwyr gan fod y ddau ymgeisydd llawn amser olaf wedi eu hordeinio yn 1995/6. Mewn partneriaeth gyda Phrifysgol Cymru Llanbedr Pont Steffan uwchraddiwyd y cwrs allanol i gynnig Diploma neu Radd mewn Diwinyddiaeth i'r rhai oedd yn dymuno ac felly y parhaodd y sefyllfa tan 2010 pan raddiodd pum myfyriwr (dau gyda dosbarth cyntaf a thri gyda dau/ un). Llwyddodd hefyd y Bedyddwyr a'r Presbyteriaid a'r Annibynwyr i gydweithio ar hyfforddiant o dan nawdd rhaglen genhadol CWM rhwng 2003-6 a chafwyd llwyddiant aruthrol. Daeth dros 1,800 o aelodau eglwysig ynghyd i dderbyn hyfforddiant ac mae'r enwadau yn parhau i dderbyn bendith o'r ymdrech honno. Bu'r Eglwys yng Nghymru hefyd yn ddiwyd yn y maes hwn yn y gwahanol esgobaethau. Profwyd llwyddiant gyda chwrs Archwilio'r Ffydd yn esgobaeth Bangor a bellach sefydlwyd yr hyfforddiant o dan yr enw Sant Padarn gyda Jeremy Duff yn Brifathro arno a chynyddodd nifer yr ymgeiswyr am urddau yn sylweddol.

Llanw

Stori llwyddiant arall yw yr egni ysbrydol a welir ymysg rhai pobl ifanc ac oedolion a fu'n trefnu cynhadledd Llanw bob gwyliau Pasg ers 2008. Amlygwyd diddordeb mawr ymysg pobl o bob oed i ddod i lefydd fel Llangrannog, Dinbych y Pysgod, Cricieth, a mannau eraill, i fwynhau astudiaethau beiblaidd, pregethau heriol, addoliad cyfoes a chwmniaeth Gristnogol egniol. Dyma un o lwyddiannau trawiadol y cyfnod hwn. Daw rhai cannoedd ynghyd i'r cyfarfodydd cyhoeddus i wrando ar wahanol bregethwyr yn annerch, llawer ohonynt yn bobl ifanc. Ceir bwrlwm

Gweithgareddau i blant yng Ngŵyl Gristnogol Llanw, 2014

tebyg yng ngweithgareddau'r Haf yng Ngholeg y Bala, cyrsiau Anhrefn Awst, Y Cwrs Ieuenctid a Souled Out. Dyma brawf pendant bod egni i'w gael yng Nghristnogaeth Cymru yn y mileniwm newydd. Y dasg anodd, fodd bynnag, yw trosglwyddo'r egni a'r brwdfrydedd hwn i fywyd bod dydd yr eglwysi lleol.

Pentecostaliaeth a Charismatiaeth

Ymhlith holl amrywiol ganghennau yr Eglwys Gristnogol gellir dweud mai Pentecostaliaeth yw'r gangen sydd wedi gwneud y cynnydd mwyaf yn ystod yr ugeinfed ganrif. Cymaint yw ei dylanwad yn yr oes hon mewn gwledydd mor wahanol i'w gilydd â Brasil, Tseina, Rwsia a gwledydd Affrica nes ei bod yn cael ei chymharu'n ffafriol â grym egnïol yr Eglwys Apostolaidd yn y ganrif gyntaf neu chwyldro'r Diwygiad Protestannaidd. Gelwir y mudiad weithiau yn Drydydd Grym yn hanes yr Eglwys.

Nodweddir y gwahanol fudiadau Pentecostalaidd gan gred gadarn bod bendithion doniau'r Ysbryd yn parhau yn amlwg yn yr Eglwys, o oes yr Apostolion i'r dyddiau hyn. Tystir bod doniau fel llefaru â thafodau, iacháu cleifion a doniau eraill yn arwydd o fendith yr Ysbryd Glân ac yn bethau i'w chwennych yn fawr ymhlith Cristnogion. Honnir gan y mwyafrif ohonynt bod bendith yr Ysbryd yn rhywbeth ychwanegol at dröedigaeth ac amlygir y ddawn honno, yn bennaf trwy'r arfer o lefaru â thafodau.

Yn hanes yr Eglwys cafwyd sawl amlygiad o'r ffenomenon hon ers dyddiau yr eglwys fore. Cysylltwyd hi â sect y Montaniaid yn yr ail ganrif yn yr Eidal; yr Albigensiaid yn y ddeuddegfed ganrif yn Ffrainc; y Brodyr Llwydion crwydrol yn y drydedd ganrif ar ddeg; y Janseniaid a'r Crynwyr cynnar, a hyd yn oed yn niwygiadau'r ddeunawfed a'r bedwaredd ganrif ar bymtheg; y Shakers a'r Mennonitiaid a'r Mormoniaid ac erbyn yr ugeinfed ganrif yn y mudiad a adwaenir yn fras fel y Mudiad Carismataidd.

Daniel Powell Williams – 'Pastor Dan' – sylfaenydd yr Eglwys Apostolaidd

Amlygwyd nifer o'r doniau hyn yn Niwygiadau mawr Cymru hefyd, yn enwedig 1859 a 1904–05. Er bod Evan Roberts, y Diwygiwr, yn wrthwynebol i lefaru â thafodau yn ei gyfarfodydd, nid oes amheuaeth nad oedd ei ddylanwad yn fawr ar ddatblygiad Pentecostaliaeth yng Nghymru. Un o'r mudiadau Pentecostalaidd mwyaf trefnus ym Mhrydain oedd Eglwys Apostolaidd Cymru a sefydlwyd yn 1917 ym Mhenygroes o dan arweiniad glöwr lleol o'r enw Daniel Powell Williams – un a ddaeth o dan ddylanwad Evan Roberts ym Moreia, Llwchwr ar ddydd Nadolig, 1904. Yr oedd cylch cenhadol rhyngenwadol yn bodoli eisoes ym Mhenygroes fel canlyniad i'r Diwygiad ac yn sicr yn ddylanwadol yn ffurfiant yr Eglwys newydd. Cawsant 'arweiniad dwyfol' i brynu darn o dir ac i adeiladu 'Pabell y Cyfarfod', a barhaodd tan yn ddiweddar yn brif ganolfan weinyddol yr Eglwys Apostolaidd. Neilltuwyd D. P. Williams a'i frawd W. J. Williams gan W. O. Hutchinson, arweinydd y mudiad yn Winton, Bournemouth, y naill i fod yn Apostol a'r llall i fod yn Broffwyd yr achos. Tyfodd yr achos yn sylweddol gan fynd o nerth i nerth ac erbyn 1980'au roedd tua 250 o eglwysi ym Mhrydain yn unig. Gan gymaint y cynnydd yn y gwledydd hyn a gwledydd eraill, gollyngodd y teitl Eglwys Apostolaidd Cymru a'i galw ei hun yn syml yr Eglwys Apostolaidd. Canolwyd y gwaith cenhadol yn Bradford ac yno y sefydlwyd y wasg – the Puritan Press. Canolwyd yr ochr ariannol yn Glasgow, ond roedd eu prif bencadlys ym Mhenygroes a'r confensiwn blynyddol yn denu miloedd o ymwelwyr yno.

Mae'r Eglwys Apostolaidd yn fras yn rhannu yr un argyhoeddiadau â'r eglwysi Pentecostalaidd eraill fel yr Elim Pentecostal Alliance (neu yr Elim Foursquare Gospel Alliance) a'r Assemblies of God, ond y maent yn honni eu bod yn fwy beiblaidd yn eu dealltwriaeth o lywodraeth eglwysig na'r gweddill. Ar sail Effesiaid 4:11 maent yn cydnabod pum swyddog eglwysig, sef Apostolion, Proffwydi, Efengylwyr, Bugeiliaid ac Athrawon. Datguddir pwy sy'n gymwys i fod yn Apostol trwy alwad a hysbysir i Broffwyd neu trwy ddatguddiad uniongyrchol yn y Gymanfa Gyffredinol. Cydnabyddir cymhwyster Proffwyd gan Gyngor yr Apostolion. Felly, maent yn ceisio ymostwng i ewyllys yr Arglwydd fel y datguddir hi yn yr Ysgrythurau neu fel y cyfryngir hi yn uniongyrchol trwy Broffwydi.

Gydag ychydig o eithriadau, ychydig iawn o ddylanwad a gafodd y mudiad hwn ar y Gymru Gymraeg. Byddai ceisio esbonio'r rheswm am hynny yn mynd y tu hwnt i amcan y gyfrol hon, ond teg yw nodi bod llawer iawn o'r Gymru Gymraeg yn dioddef heddiw o'r hyn y mae llawer o rannau o'r America a fu trwy yr un math o gynhyrfiadau yn ystod y ganrif ddiwethaf a'r ganrif flaenorol yn dioddef ohono, sef syrffed o ddiwygiadau. Mae'r tir fel pe bai yn dioddef o'r hyn a eilw'r Sais yn 'burn-out' neu 'scortched earth'. Onid oedd pererindod Evan Roberts ei hun yn enghraifft glasurol o hynny, gan iddo fyw gweddill ei ddyddiau yn alltud mewn dinodedd? Yn gyffredinol, aeth y dylanwadau hyn heibio i'r prif enwadau yng Nghymru, er bod ambell eithriad fel rhai eglwysi Esgobol ac eglwysi Bedyddiedig efengylaidd yn bennaf, a ddaeth o dan gyfaredd y mudiad Carismataidd a'r hyn a alwyd yn 'fendith Toronto'.

Gwleidyddiaeth

Prin y byddai unrhyw arolwg byr o'r ugain mlynedd diwethaf yn gyflawn heb gyfeirio

Y *Gynghrair Efengylaidd yn agor arddangosfa yn y Senedd, Caerdydd, i ddathlu twf amrywiaeth ddiwylliannol ag ethnig eglwysi Cymru, 2017*

at y newid sylfaenol a ddaeth i lywodraeth Cymru ym 1997 yn dilyn buddugoliaeth agos mewn refferendwm. Dechreuodd Cynulliad Cenedlaethol Cymru ar ei waith yn 1999 ac un o benderfyniadau pwysicaf y Llywydd cyntaf, yr Arglwydd Dafydd Elis Thomas, oedd y dylai'r sefydliad newydd adlewyrchu natur aml-ffydd cymdeithas y Gymru fodern. Credai mai lle llywodraeth oedd parchu pob traddodiad crefyddol a sicrhau rhyddid i bawb addoli yn ôl ei gydwybod. Nid oedd pawb yn fodlon â'r penderfyniad hwn gan y credent fod y grefydd Gristnogol wedi gadael ei hargraff yn ddofn ar feddylfryd a thirwedd Cymru dros genedlaethau lawer. Bu agwedd Llywodraethau'r Cynulliad tuag at addysg grefyddol yn yr ysgolion hefyd yn bur negyddol, er gwaetha'r ffaith bod traddodiad maith o hyfforddiant disglair a safonau uchel o ddysgu'r Beibl yn yr ysgolion a'r prifysgolion ers cenedlaethau trwy Gymru gyfan. Erbyn heddiw fodd bynnag, ar wahân i ysgolion Ffydd, nid yw'r Beibl na Christnogaeth yn cael fawr o sylw yn y cwricwlwm addysgol a rhoddir llawer mwy o sylw i ddysgu crefyddau eraill. Adlewyrchir hynny, yr un modd, yn y prifysgolion ac ychydig iawn ohonynt sydd bellach yn cynnwys astudiaethau Beiblaidd ymysg eu cyrsiau. Rhaid i Gristnogion gyfaddef felly bod Llywodraeth Cymru yn adlewyrchu natur ac agweddau pobl at grefydd yn y Gymru gyfoes.

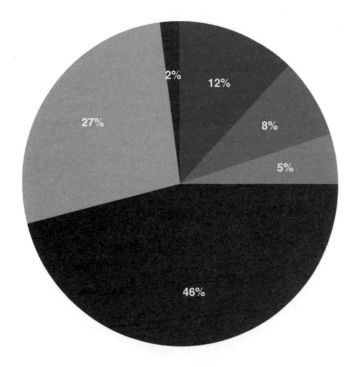

● Addolwyr rheolaidd (12%)
● Addolwyr achlysurol (8%)
● Cyn-addolwyr - agored (5%)
● Cyn-addolwyr - caeedig (46%)
● Ddim yn addoli (27%)
● Arall (2%)

Yn yr arolwg cynhwysfawr diwethaf a gynhaliwyd dangoswyd mai dim ond 12% o Gymry oedd yn addoli'n rheolaidd. Ond yn fwyaf heriol efallai dangoswyd fod 46% yn "gyn-addolwyr caeedig", sef pobl oedd wedi troi cefn ar yr eglwys a ddim yn agored i fynd yn ôl. Ffynhonnell: Churchgoing in the UK, Tearfund, 2007.

Casgliad

Dyna ddigon o dystiolaeth ei bod yn bwysicach nag erioed i'r enwadau ddal gafael yn eu Colegau Diwinyddol – y rhai sydd ar ôl – er mwyn diogelu hyfforddiant beiblaidd a diwinyddol safonol yn y Gymru sydd ohoni gan na ellir dibynnu mwyach ar y sefydliadau addysg uwch i gyflawni hynny. I ymateb i her y newid mawr sydd ar droed yng nghymunedau Cymru mae galw am arfogi meddwl pobl nid yn unig yn y Beibl a'i neges ond hefyd yng nghyfoeth yr etifeddiaeth sydd gennym fel Cristnogion yng Nghymru. Ceisiodd David Ollerton (1950–2017), sylfaenydd Cymru Gyfan/ Wales Wide, ar sail gwaith ymchwil manwl ddadansoddi'r gwahanol eglwysi yn y Gymru sydd ohoni a'u cael i ymateb i'r her. Cyhoeddwyd ei gyfrol *Cenhadaeth i Gymru* yn 2015. Does dim dwywaith bod patrymau addoliad yn newid yn chwyldroadol wrth i'r hen gyfundrefnau raddol ddatgymalu a diflannu. Serch hynny, bydd pobl angen rhyw foddion i fynegi eu ffydd mewn addoliad. Mae pob crefydd yn creu ei diwylliant ei hun, ac wrth dystio i dranc ein cyfundrefnau presennol, y cwestiwn nad oes modd ei ateb eto yw, pa fath o ddiwylliant fydd crefydd y Gymru newydd yn ei gynhyrchu a pha fath o ffurfiau a strwythurau fydd eu hangen i roi mynegiant i hynny?

Darllen Pellach

Callum Brown, *Religion and Society in Twentieth Century Britain* (London: Routledge 2006).

Callum Brown, *The Death of Christian Britain*, ail argraffiad (London: Routledge, 2009).

Grace Davey, *Religion in Britain since 1945* (Oxford: Blackwell. 1994).

D. Densil Morgan, *The Span of the Cross: Christian Religion and Society in Wales, 1914– 2000*, ail argraffiad (Cardiff: University of Wales Press, 2011), rhagair, 2000–2010.

David Ollerton, *Cenhadaeth Newydd i Gymru* (Chwilog: Cyhoeddiadau'r Gair, 2016).

Robert Pope, *The Flight from the Chapels: the Challenge to Faith in the New Millennium* (Cardiff: United Reformed Church, 2000).

Robert Pope, 'Survival, 1963–2000' yn R. Tudur Jones, *Congregationalism in Wales*, Robert Pope (gol.), (Cardiff: University of Wales Press, 2003).

Yr Her i Newid: Canlyniadau Arolwg yr Eglwysi (Cymdeithas y Beibl: dim dyddiad ond 1993 y cynhaliwyd yr arolwg).

Cwestiynau trafod

- Pa mor sylfaenol i barhad y dystiolaeth Gristnogol yng Nghymru yw efengylu? Pam fod y Ddegawd Efengylu wedi bod yn fethiant?

- A fu ceisio creu un enwad crefyddol yng Nghymru yn wastraff amser ac adnoddau?

- A oes angen cyfundrefnau crefyddol i ddiogelu dyfodol yr Eglwys Gristnogol yng Nghymru?